著名电影艺术家舒适

舒适与慕容婉儿　　　　　　　　　　《清宫秘史》剧照（舒适饰光绪，周璇饰珍妃）

舒适在《红日》中饰演张灵甫（左起：于飞、张云立、舒适、程之、董霖）

舒适在电视连续剧《雍正皇帝》中饰演康熙　　　　　　　　舒适与凤凰

1995年植树节，舒适（右）、刘琼（中）、顾也鲁（左）在长兴岛留影

游泳

投篮

化妆师在为舒适化装

拉琴（宋向阳摄）

舒家亲人欢聚一堂，恭贺舒适百岁寿辰

策　划　宋　妍　张晓敏　沈文忠

统　筹　倪里勋　王　刚

海上谈艺录丛书

艺高德劭百岁公

夏 瑜 沈一珠 著

上海世纪出版集团
上海文化出版社

图书在版编目（CIP）数据

艺高德劭百岁公·舒适／夏瑜，沈一珠著. —上海：
上海文化出版社，2015.12
（海上谈艺录）
ISBN 978-7-5535-0464-3

Ⅰ. ①艺… Ⅱ. ①夏… Ⅱ沈… Ⅲ. ①舒适（1916～
2015）—传记 Ⅳ. ①K825.78

中国版本图书馆 CIP 数据核字（2015）第 251778 号

策　　划　宋　妍　张晓敏　沈文忠
统　　筹　倪里勋　林　斌

责任编辑　黄慧鸣
特约编审　刘绪源　司徒伟智
封面设计　姜　明
封底摄影　胡昌群
技术编辑　陈　平　刘　学

丛 书 名　海上谈艺录
主　　编　上海市文学艺术界联合会　上海文学艺术院
书　　名　艺高德劭百岁公·舒适
著　　者　夏　瑜　沈一珠

出　　版　上海世纪出版集团　上海文化出版社
地　　址　上海市绍兴路 7 号
网　　址　www.cshwh.com
邮政编码　200020
发　　行　上海世纪出版股份有限公司发行中心
印　　刷　上海天地海设计印刷有限公司
开　　本　787×1092　1/16
印　　张　12　彩插：2
字　　数　230 千
版　　次　2016 年 3 月第一版　2016 年 3 月第一次印刷
国际书号　ISBN 978-7-5535-0464-3/K.058
定　　价　38.00 元

敬告读者　本书如有质量问题请联系印刷厂质量科
电　　话　021-64366274

目　　录

艺术访谈

　　拍故事片和戏曲片是有所不同的。故事片要真实，而戏曲片首先要考虑到美，无论形象、动作都要有美感。我之所以拍戏曲片有感觉，可能和我喜欢京戏有点关系吧！拍戏曲片要保持戏曲原有的优美特点，给观众以美的享受，又要充分借用电影的优势，比舞台上的表演更精彩，环境更真实优美。所以必须采用各种方法，虚虚实实，真真假假，才能获得观众的认可。这要归功于美术部门设计制作得逼真，照明、摄影等部门光布得好、拍得好，否则是达不到这种效果的。拍一部电影，摄制组任务繁重、困难多、工作时间长，是十分辛苦的。我们电影厂里聪明人很多。随着电影事业的不断发展，聪明人一定会更聪明，不聪明的也会变得聪明的！

——舒适

舒适与本书作者之一夏瑜合影

本色表演　真实人生

时间：2010—2015 年春节期间
地点：复兴中路舒适家
受访人：舒适（凤凰传话）
采访人：夏瑜

关于从艺之路

夏瑜（以下简称夏）：舒老，您是怎么走上这条演艺之路的？

舒适（以下简称舒）：这说起来要拜日本人所赐。"八一三"日军攻占上海之后，我家逃难到了法租界，我母亲就在法租界租了间公寓。我那时在持志大学读书，一个人在辣斐德路（今复兴中路）颖村借到一间小房子，楼上正好住的是谢添和陶金两对夫妇，都是电影界的大腕，我和他们处得不错，也很羡慕他们那种自由自在的生活。可是不久他们就随演剧队到内地去巡回演出宣传抗日了。好在我还认识刘琼和金焰，因为我是大学篮球联队队长，他们也喜欢打球，经常来我们学校，一来二去我和他们就成了好朋友。他们当时已经是职业演员，我就觉得他们的演艺生活非常舒服，就又勾起了我演戏的欲望，觉得这种生活对我来说非常合适，因为我从小就喜欢唱戏嘛，是母亲不让我走这条路，但心里是一直羡慕人家当一个演员的。正好，当时于伶、欧阳予倩、许幸之等前辈在"孤岛"组织了青鸟剧社，需要招一些新人，经刘琼和金焰两位的引荐和朋友的牵线搭桥，我就偷偷地报名参加了。母亲听到这消息，就立即写信给远在厦门银行工作的父亲，说我不学好，去演"文明戏"（早期的话剧）。其实那时候"文明戏"早就过了，话剧已经发展到一个非常成熟的阶段，譬如曹禺、田汉、李健吾等人的作品，经常在戏院里公演。父亲很支持我，他对我母亲的回答很简单："他爱干什么就干什么吧！"我如奉圣旨，堂而皇之演戏了。开心啊！就这样一脚踏进这扇门，我就再也出不来了，嘿嘿……

夏："文明戏"和话剧有些什么区别呢？

舒：话剧最早就是从"文明戏"发展而来的，它和中国的戏曲不同，但又有点联系。譬如，它没有很完整的剧本，很多戏只有一个大纲，要靠演员在台上即兴发挥，也蛮锻炼人的。它有时候也保留了一些"唱段"，但已经不像戏曲对唱腔和表演的程式化要求那么严了。"文明戏"发展到后来就变成了话剧，剧本写得很详细，对场景和演员的对话、动作都有明确的规定，自己不能瞎发挥了，嘿嘿，当然也不是一成不变的，事实上每演一次都会有细微的不同，取决于演员的状态。这里面的道道一两句是说不清的……

夏：您最初演了些什么戏呢？

舒：多啦！在参加青鸟剧社之前，被朋友拉到杭州去，参演石凌鹤编剧的《黑地狱》，还同时演两个配角，蛮过瘾的。进了青鸟剧社后正式到大戏院的台上演话剧，先是曹禺的两个四幕剧《雷雨》和《日出》，扮演周萍大少爷和银行经理潘月亭，有点名气了，接着又是他的名作《原野》，又演《武则天》《阿Q正传》《岳飞》等等，好几十部呢！

夏：那么电影呢？不是说话剧是演员的艺术，表演更过瘾，而电影是导演的艺术，演员要听导演的摆布吗？您为啥要去拍电影，什么时候开始上银幕的？

舒：1938年吧，基本上是和话剧同步的。演话剧的确锻炼演技，也过瘾，但那时候电影是舶来品，所以拍电影更新鲜时髦，扎台型啊！上台演了话剧就也想尝尝上银幕的滋味，就让哥们刘琼和金焰介绍我到电影厂碰运气，没想到还挺顺利。第一部是《桃色新闻》，接着就一发不可收了，《桃色新闻》还没杀青就演了《歌儿救母记》，之后又是《歌声泪痕》等等，一部接一部了。

夏：您开始拍电影演的是些什么角色呢？和话剧里的角色差不多，还是……

舒：拍电影和演话剧不一样，在台上演戏，和观众离得比较远，如果外形上与角色有距离，可以靠化妆来弥补，可是电影就不行，镜头对着你拍近景、特写，放到银幕上这么大，不好淘糨糊的！所以导演一般会选择与人物的性格、形象比较接近的演员。我那时候年轻嘛，所以演的一些角色大概属于所谓的小生吧，相对比较成熟的男性。我蛮喜欢古装戏的，也演得比较多，如《李三娘》《董小宛》《孟丽君》《苏三艳史》《红粉金戈》……

夏：据说上世纪40年代的时候，有人把你与刘琼、王引、严俊合称为"四大硬派小生"，还把你和张翼、梅熹称为"小生三鼎甲"？

舒：哦哟！（摇手又摇头）哪里啊！大概因为我长得比较高大健壮，声音又响，蛮刚硬的，40年代后期更适合扮演性格刚强的中年男人。有的戏是电影公司老板专门为我打造的，当然有的角色是我注入了自己擅长表达的那种腔调，尽量朝刚正不阿和自尊自信的方面靠拢。说得好听点么有点像本色演员，逐步形成了自己的风格，说得难听点么就是演来演去一个样子，也可能有些观众就是喜欢我这种腔调，呵呵……

夏：可是，为什么曾经有人认为你是演技派好演员呢？

舒：绝对不是！我又没有进电影学院深造过，也没有系统研究过斯坦尼斯拉夫斯基的演剧理论和莎士比亚的戏剧理论，什么"体验派"之类我是讲不出啥道道。我只是边观摩学习别人的表演，边读书，看过不少资料，包括从外国电影里看好莱坞明星的表演，然后在实践中摸索出一种适合自己的表演路子。

夏：哦，对了，我听到上影演员剧团有人评价你很有气场，身上有贵族气，用不着演，拍摄现场往那儿一站，众人的眼球就被你吸引了。而赵丹、项堃他们是每一个举手投足都经过精心设计的。您认可这种说法吗？

舒：呵呵，他们把我抬得太高了。不过有一点是说对了，我基本上是尽量让角色朝我靠，而阿丹大概是竭力让自己变成角色，你看他准备演鲁迅、演周恩来花的那些功夫，简直可以说到了疯魔的地步，像他那样的表演方式我可能做不来……

夏：也许您的表演方式和刘琼、金焰更接近？

舒：可能吧。大概我跟老刘走得更近，又是他和金焰把我引进这个圈子的缘故，难免会受他们的影响。但也不完全一样，因为我和他们的性格不同，老刘相对内向，而我更简单直接一点。

夏：能否请您谈谈在《红日》中成功扮演国民党将领张灵甫的体会？

舒：（大摇其手）哦哟，又是张灵甫啊，这个问题我都回答得烦了！

夏：但是，这个角色是您最出名的表演代表作啊！在那个年代，你扮演反派为什么没有一点点的丑化呢？

舒：《红日》里的张灵甫当然属于反角，对这个人物也应该有所批判，但绝不能丑化，这就是我当时的想法。我在汤晓丹导演主持的创作讨论会上正式表过态：拍这部电影一定要实事求是，不管国民党还是共产党，张灵甫首先是个军人，而且是抗日名将，打仗非常勇敢的。我绝对不能把这个角色往丑里演，不能让人觉得他窝窝囊囊的。只有把国民党表现得很强，共产党把他打败才显得更强、更难得。汤导演不响，没有否定我的观点，那我就认为他是默认，便按照这个路子实施了。但这个"度"很难掌握。批判得过了，就是丑化，不批判，就是美化……

夏：在当时提出不丑化国民党将领的观点，是要担风险的啊！您胆子怎么这么大？

舒：我这个人就是这样的，谈不上胆子大，当时也没考虑太多，就是认为张灵甫就应该是那样的，神气活现，刚愎自用。我父亲就是国民党军官，我从小就接触过不少与父亲来往的国民党将领，他们一个个都是器宇轩昂、腰板笔挺、非常神气的，并不是像有些电影、电视里塑造的那样獐头鼠目、一脸猥琐，还吊儿郎当。为了演好张灵甫，我专门到南京军事学院去查阅资料，研究过他的经历、性格，还结识了张家亲属，能够理解像张灵甫那种当时被愚忠愚孝迷了心窍的国民党少壮派军人。他身上有股不认输的犟劲，但最终还是败了，这是一个失败者的悲剧，是国民党的悲剧。张灵甫的亲属倒是蛮肯定我的表演，几年前张夫人王玉龄还特地托儿子将《王牌悍将张灵甫传》一书送来给我。

夏：您把张灵甫演得这么神气，张夫人当然接受，可是您在政治运动中因此而吃足苦头了吧？

舒：嗨，不提了，这一篇已经翻过去了，不就是说我美化国民党吗？说我是反革命演反革命，当然演得像，那还说杨在葆丑化解放军呢……现在想想，这简直是笑话，一场闹剧……（挥挥手）不提了！

夏：那么《清宫秘史》呢？也是您的代表作……

舒：拍《清宫秘史》是在香港，比《红日》要早十几年呢！朱石麟导演，我演光绪皇帝，周璇演珍妃。这是姚克根据自己的话剧剧本《清宫怨》改编的，用现在的话讲就是写革新派与保守派之间你死我活的斗争，光绪主张革新，包括选妃子，他喜欢珍妃，可是慈禧不乐意。话剧《清宫怨》我过去演过，所以拍这部电影心里有点底。而且，跟周璇也不是第一次合作了，彼此都很默契融洽。

夏：您跟周璇合作过几次？演过几次皇帝？

舒：和周璇合作的次数……那可就数不清了，《李三娘》《长相思》……就说演皇帝吧，话剧不算，我一共演过三次皇帝，其中两次就是和周璇搭档。《董小宛》，我演顺治，周璇演董小宛，还有就是《清宫秘史》。第三次演皇帝是电视连续剧《雍正皇帝》，我在里面客串康熙。

夏：拍这部电影，表演很过瘾吧？

舒：这部电影里我的戏份很足，表演上有硬的也有软的。硬的就是对抗慈禧太后以及一帮保守势力，软的则是与珍妃也就是周璇的情感戏。相对来说，硬的戏我更拿手，软的戏要花点功夫，好在我与周璇太熟了，所以演起来毫无障碍。

夏：拍《清宫秘史》也让您遭罪了吧？曾经全国批判……

舒：是啊，批判这部电影来头大啊！50年代拿到大陆来公映之后就开始批，一直延续到"文革"开始，火力越来越猛。好像先是戚本禹在《红旗》杂志上发文章，什么"爱国主义还是卖国主义"，说姚克是反动文人……后来《人民日报》也发文章，有点借这个因头推动"文革"、打倒"走资派"的意思。可是圈子里大家私底下都觉得这部电影好，说我演得也可以。所以，尽管上面雷声大，底下还是雨点小，批不起来。

夏：姚克到底是什么人，为啥说他是反动文人？

舒：胡说八道啊！姚克的名头可大了，他那时是上海滩很有名气的翻译家和剧作家，鲁迅的学生之一。鲁迅很欣赏他的，经常和他通信。据我所知，鲁迅逝世之后，姚克和斯诺联合署名献了一副挽联，当时上海的文艺界都晓得的，但是挽联的内容我记不清了。他与费穆一起创建天风剧社，上官云珠也参加过，所以他和上官云珠好过。还与黄佐临他们一起组建了苦干剧团。

夏：这么说他一点不反动嘛，反而应该称他为"进步文人"。我那时候年纪小，记得大人都在悄悄议论这部电影，又因为片名中有"秘史"二字，觉得很神秘，不知道出了啥事情，还以为是部黄色电影……

舒：（大笑，摇手）其实，这真的是相当不错的一部电影，朱石麟导演水平很高，美工、摄影都花了大力气，用了很多创新的拍摄手法，称得上是当时香港的一部古装大片。可当年就是这样穷折腾，我倒没什么，一直被批嘛！《红日》《情长谊深》，几乎演一部被批一部，所以也就习惯了，顶多写写检查，不会往心里去的。可是导演朱石麟太可怜了，看到香港《文汇报》转载内地的批判文章后，吓死了，一病不起，才68岁啊，作孽！

关于非故事片导演

夏：舒老，您转型成为导演之后，除了拍《林冲》等故事片，还拍过不少舞剧、戏曲电影，这和拍故事片的处理方式有什么不同呢，您一定有不少体会吧？

舒：当然。这里面有两个问题，首先是要真实，电影必须比舞台上呈现的要真实，这是由电影的属性决定的。第二才是区别于故事片的真实。

夏：能否讲得具体些呢？譬如舞台剧改编的电影的布景与故事片有什么不同？记得1982年的时候，您曾经导演过一部舞剧电影《剑》，我还采访过该片的美术师刘藩老师呢！

舒：是吗？这部舞剧是赵丹的女儿赵青主演的，扮演一个铁匠的女儿，原美国国务卿黑格先生（小亚历山大·梅格斯·黑格，Alexander Meigs Haig，Jr）曾观摩演出，评价很高。上影要把这部作品搬上银幕，而我有幸担任导演。当时我去北京修改剧本，与中国歌剧舞剧院的创作人员一起苦干了四个月，为的是把舞剧电影化。刘藩是上影美术师中的老法师，造诣很高，这部戏在布景方面把"虚"和"实"的矛盾解决得非常好。

夏：怎么理解呢，这"虚"和"实"的问题？

舒：其实就是舞剧艺术的"虚"和电影手法的"实"，这对矛盾解决得好，就成功了。譬如《剑》当中的"和平王宫"这堂布景，刘藩是这么处理的，他从潘天寿先生的精辟画论中得到启发，"无虚不能显实，无实不能存虚"，对立统一，走虚实结合的路。他处理室内环境的建筑结构以实为主，简练概括，门窗、墙面的装饰以虚为主，用平面绘画的手段取代真实建筑中的浮雕，室外环境则注重大面积的组合，并广泛运用绘画的表现方法。包括地上的一条"红地毯"，其实也是画出来的，因为演员要在这上面跳舞，如果是真的地毯，有些动作完成起来就会受到阻碍。

夏：哦，这里面真是有学问呵！

舒：至于拍戏曲片，首先要考虑到美，无论形象、动作都要有美感。要保持戏曲原有的优美特点，给观众以美的享受，又要充分借用电影的优势，比舞台上的表演更精彩，环境更真实优美。所以必须采用各种方法，虚虚实实，真真假假，才能获得观众的认可。

夏：请举例讲讲……

舒：譬如1984年我导演的黄梅戏神话艺术片《龙女》，马兰演的，就采取了一些当时来讲比较独特的手法，许多观众看后，不明白是怎么拍出来的，来信询问："这部戏的外景是在哪里拍的？""相府中的回廊等是不是在苏州园林拍的？""洞房内外又是哪里拍的?""送别是在哪条河边拍的,还有那条船……"等等。

夏:是啊,难道不是实景拍摄吗?

舒:(笑)洋盘(上海方言:外行)了吧!戏曲片和舞剧电影一样,里面的实景看上去是实的,实际上有很多花头。你想,如果是在真实的外景地唱戏,有时候还要有一些舞蹈动作,磕磕碰碰很不方便。还有,风稍大一点就会把演员穿的服装吹得歪歪扭扭,箍在身上十分难看,发型、胡须也会被吹得乱七八糟,无法控制,强烈的阳光又会照得演员皱紧眉头,张不开眼睛,没法拍摄的。

夏:那就是说,只能采用一些特技手法来拍摄?

舒:是啊,《龙女》是一部戏曲神话片,特技镜头比较多,约占总镜头数的七分之一。我们用了两组特技,由四位同志负责这方面的工作。他们任务繁重、困难多、工作时间长,十分辛苦。电影厂里的聪明人是很多的,他们会想出各种各样的办法,达到以假乱真的效果。这部影片里,除了龙女和珍姑被官船救起的一个镜头,还不到十秒钟,是在杭州西湖边实景拍摄,其他都是在摄影棚里搭了布景拍的,包括龙宫门口、龙王小庙、凉亭、水晶宫、刑台、城门口、贡院、皇宫、相府、客房、洞房等大小十余堂景。在摄影棚里拍,既没有风吹日晒,又可以根据戏的要求进行布光,要什么气氛就可以有什么气氛。要风就用电风扇吹,主动得多了。要雨可不能用水浇,如果把戏曲演员浇成落汤鸡,那可糟了。我们用特技手法在已拍好的片子上加一些雨丝,看上去是在下雨,但不会打湿演员的衣衫,使他们可以潇洒自如地做动作。

夏:难道龙女出水的镜头也不是在海边拍的吗?海水总不能假吧!

舒:当然不是在海边拍的。先是特技部门根据剧情的需要预先拍了海景作资料,回来后在特技棚钠光蓝天幕前又拍了演员表演,然后再加工合成的。还有些镜头如天空飞行等,也是用这个方法拍摄的。至于龙女出水走到岸边边舞边唱那一组镜头,是特技用玻璃珠银幕拍摄的。演员站在一无所有的空的银幕前,布好人物光,这光不能射到银幕上。在演员表演的同时,把预先拍好的海景资料片由正面放映到银幕上去。玻璃珠受到光照就会产生强烈的反光,演员挡住的部分没有反光。摄影机在一定的角度,再把演员和银幕上展现的海景一并拍下,就合成了,演员就像在波涛汹涌的海边表演一样。

夏:哦哟,那不就是现在的蓝屏技术嘛,那时上影厂还真是先进啊!

舒：可不是嘛！还有舞剧电影《剑》当时也使用了蓝屏技术。譬如为了表现洞窟的阴森可怖和渲染主人公的幻觉效果，特技车间的同志就试用了当时的这种新工艺来拍摄大小人，使画面上同时出现顶天立地的巨大鬼神和只有它三分之一大小的主人公，一起配合舞蹈的节奏，观众可以看到巨大的鬼神步步紧逼并从铁匠孙女头上跨过去……

这些电影里的景之所以拍得让观众真假难辨，除了特技呱呱叫，还要归功于美术等部门设计制作得逼真，照明、摄影等部门光布得好、拍得好，他们功不可没，否则是达不到这些效果的。而对一般观众来说，这样给他们解释可能还是不太理解，还是如隔靴搔痒。要让他们真正了解拍电影是怎么以假乱真的，恐怕要请他们亲临片场实地参观，才能解决问题，也只能说是解决一部分问题，这些拍摄当中的巧妙太多了，尤其是现在，技术发展得太快，蓝屏已经属于小菜了，那些数码、3D……有些连我也弄不明白了，呵呵……

关于迷恋京戏

夏：舒老，您从小就喜欢京戏，这是受父亲影响吗？

舒：是的，我父亲是清朝第一期官费留日学生，在日本士官学校毕业，回国后在北平陆军大学当教官。后来为了不参与军阀混战，他和几位同学就脱离军界，转到银行去工作。那时候梅兰芳刚成名，我父亲和这些转业军人就成立了"捧梅团"，就像现在的"粉丝"，着迷于梅兰芳的戏，梅兰芳来上海，他们也跟着来，追星。他们经常去梅家，我就跟着去，一来二去就也对梅派喜欢上了。

夏：那您为啥不拜梅兰芳为师呢？

舒：我是想啊，父亲也有此意，但是母亲不让，说当戏子没出息。

夏：那是挺可惜的。可是梅兰芳和你们舒家一直有来往，可以说关系非同一般，是吧？

舒：可以这么说吧。梅兰芳曾经两次看过我演出京剧《坐宫》里的杨延辉。一次是我二姐结婚唱堂会，另一次是我姨夫做寿，也是唱堂会。不管梅先生看了我的表演在心里怎么数落我，对我来说，这位伶界大王坐在台下看我表演，听我唱戏，总是莫大的荣幸。有一次我祖母做寿，梅先生来我家，而且一定要亲自登台，唱了一出《思凡》。1949年我父亲过世，梅先生闻讯唏嘘不已，特地赶到我家，安慰我母亲。1961年我在山东拍《红日》外景，传来梅先生在北京去世的噩耗，我又不能请假，心里很难过，只能以我和我母亲的名义发了个唁电，以示哀悼。

夏：在艺术上梅先生指点过您吗？

舒：唱戏方面对我倒没什么指点，因为我不是他的弟子嘛！旧时唱戏的规矩很严，不是师徒关系不轻易教人的，而且也不是一个路子。梅先生倒是对我拍的电影发过话，有一次，父亲约梅先生到电影院看我参演的一部轻喜剧新片《新地狱》，结果他不太欣赏，请我父亲传话，叫我以后这种胡闹戏不要拍，说明他实在不喜欢，憋不住了，嘿嘿嘿！

夏：看来梅先生对艺术的要求非常之高啊！那么，您后来为啥不学梅派，而唱老生了呢？

舒：这主要是根据我的嗓音条件作出的选择。我是非常喜欢梅兰芳的唱腔，可是我不能学啊！梅兰芳的嗓音高宽清亮、圆润甜脆，唱腔醇厚流丽，感情丰富含蓄，那不是我的路子。当然，最早的时候我自己也偷学过青衣，譬如演《四郎探母》中的公主，不好唱！以我的长相、声音条件，唱花脸、老生一类是比较合适的，读大学时我就演过《连环套》里的黄天霸。我的堂弟舒昌玉就唱梅派，他是梅先生正宗的弟子呐！

夏：那么，您学的是哪派的老生？

舒：追根寻源，应该是余派（余叔岩）。余派唱腔出自谭派（谭鑫培），特点是字正腔圆、声情并茂、韵味清醇，我比较喜欢。"文革"之后，我们这帮人获得了自由，我就和程之等人每个礼拜都要去淮海中路电影局斜对面的一家饭店，和范石人一起吃饭，然后就跟他学戏。范石人是余叔岩的弟子，现在比较红的王佩瑜也是这一路的。

夏：据说是您发起组织了上海国际京剧票房？

舒：这是一个业余票友的团体，我是发起人之一吧。当时我们这些人年纪都大了，有这个需求，上海市领导包括统战部都非常支持，于1990年元宵节那天成立的吧。三年以后，为了进一步扩大影响，宣扬国粹，我大着胆子写信给朱镕基总理，请求支持，因为他也是上海国际京剧票房的发起人。他很快亲笔写了回信，表示大力支持，还补交会费200元。所以国际京剧票房越来越壮大，拥有许多社会名流，如画家程十发、《新民晚报》的资深编辑秦绿枝，还有医生、工程师、老师等等，我们上影有唱言派的岑范、唱杨派的董霖、唱程派的蒋天流，还有刘琼、程

艺高德劭百岁公　艺术访谈

之、凌云等等，甚至还有来自香港、台湾的。每个礼拜六下午，我们都会去北京西路常德路，那里的市政协是我们国际票房的根据地，锣鼓家什一敲，大家就来劲了，轮流上去唱。遗憾的是，很多人现在已经不在了，我也由于身体原因很长时间没去参加活动了。不过他们经常会来看我，如我们的常务理事长、原上海市政协办公厅副巡视员许世德先生等等，来给我祝寿，在我家开"演唱会"。

夏：您的保留节目是哪几段？

舒：我比较喜欢唱《四郎探母》中杨六郎的唱段，还有《失街亭》里的《两国交锋》，《张公道》里的《沙桥饯别》……都是余叔岩的经典节目。我们经常出去参加演唱会，像纪念杨宝森 90 华诞啊，去电视台做节目，或与企业家一起联欢啊，每到这种场合，总要唱几段过过瘾，票友们都很兴奋，非常踊跃，嘿嘿嘿……

关于坚持锻炼

夏：圈子里的人都封您为上影厂的运动健将，您是从小就喜欢运动的吗？

舒：是啊！我从小就喜欢体育运动，我家有游泳池呐。在中学读书时，我曾获得市中学生运动会铅球第一名、铁饼第二名。篮球和游泳更是我一生所爱，杂志上曾经介绍我说"入水能游，出水能跳"，"入水"是指游泳，"出水能跳"当然就是指打篮球啦！我有个八叔舒鸿，曾在美国春田学院专攻体育教育学，1925 年获美国克拉克大学卫生学硕士学位。他属于中国第一批被国际组织认可的国际裁判，是奥运会决赛场上的第一位中国裁判，被誉为"奥运篮球第一哨"。我很以他为傲，喜欢打篮球可能就是受他的影响吧。还有就是认识了同样喜欢打篮球的演员朋友金焰和刘琼，这对我来说，是种推动作用，体育和演戏结合在一起了，所以能坚持下来。

夏：您在香港的时候也打篮球吗？

舒：当然，不打手痒痒啊！除了刘琼，那时候我们还多了个打前锋的岑范。我们曾代表香港篮球队出去比赛。

夏：那么"文革"中那段日子您又是怎么锻炼的呢？

舒："文革"中有段日子我被隔离审查，关在一间小房子里。怎么办呢？不锻炼我可受不了，浑身难过，只好因地制宜想办法，我就利用屋梁练单杠，捡一块大石头练哑铃，或者在地上练俯卧撑，等等。这样锻炼的好处就是会忘记那些不愉快的事情，锻炼之后感觉人很精神，不会因为受到不公正对待而灰心丧气、萎靡不振。

夏：成立"古花"篮球队的前因后果是怎样的？

舒：这个说来话长了。"文革"接近尾声的时候，查不出我有什么问题，就在干校被批准可以来去自由，朋友们私下里开玩笑说我是"走读生"。那么我就想动动了，我原本就是上影厂篮球队的教练，太长时间不打篮球憋得难受死了。所以有一次我就动脑筋请假回来，一到家门口就打电话把球友陈渭源约出来，商量成立球队的事情。后来真被我们搞成了，队员中一部分是老运动员、老裁判，一部分是老演员、老明星。刘琼、乔奇、岑范和我被称为电影界"四大天王"，据说英国、法国、美国、意大利以及香港等地的华侨朋友就是冲着我们这几个才愿意无偿赞助，嘿嘿……

夏：那么，"古花"这个队名是怎么想出来的呢？

舒：因为队员都是老头，年龄不到六七十的不能参加，七十"古稀"、六十"花甲"嘛，所以我就提议叫"古花"，意思就是"老树开花"。大家都觉得不错，就定了。

夏："古花"篮球队是哪一年成立的，确切的日期您还记得吗？

舒：好像是……1987年11月11日吧，四个"1"，比较好记，在梅龙镇，我是"古队"队长，吴成章是"花队"队长。他过去是国家队的，专业球员噢！我们还有队歌，歌词是我创作的："YE！啦！YE！啦！古花，古花，铁树开花。年逾古稀，岁过花甲。老兵上阵，全身披挂。精神抖擞，意气风发。以球会友，输赢管它。荣誉队员，遍布天下。笑看全球，只此一家。古花古花，铁树开花。YE！啦！YE！啦！"那天好像是刘琼指挥，乔奇带领大家合唱了这首歌。

夏：你们都参加过什么比赛，有没有得过什么奖？

舒：一般的比赛那就多了，比较重要的有几次。我们是第一支受邀去台湾比赛的大陆业余球队啊！好像是1994年吧。我们还去过美国，参加全美华人田径运动大会。这些报纸上都有过报道，当时很轰动的啊！我们和国家队也打过，输球无所谓，人家是专业球队嘛。

夏：那舒老，您是打前锋、中锋还是后卫？

舒：我打后卫！我们的宗旨就是锻炼为主，比赛为辅，大家都不计较输赢，主

艺高德劭百岁公　艺术访谈

要是玩得开心。出一身汗之后，老头们坐在一起，喝喝茶，东南西北地神聊一通，感觉非常好。

夏：您百岁年纪了身体还这么棒，就是一直坚持锻炼的缘故吧？

舒：我想这是肯定的。我父亲是军人出身，梅兰芳先生自幼练功，应该说身体都是不错的，可是父亲享年64岁，梅先生也只有66个春秋，而我这后生晚辈今年已经99岁，八十几的时候还能打球、唱戏、演戏。大概是因为他们那时还没听到过"生命在于运动"这句话，没有坚持锻炼身体的缘故吧。

艺术传评

观众们叫我"皇上",是因为我在影视中演过三次皇帝,成了演皇上的专业户,而不是像刘琼、金焰那样的"电影皇帝"!

第一次演皇帝是1939年在影片《董小宛》里饰演顺治,第二次是1948年在香港影片《清宫秘史》里扮演光绪,第三次是1991年在电视连续剧《雍正皇帝》里客串康熙。

演皇帝给我带来了声誉,媒体夸我"话剧界的健将,银幕上的红人,艺术是他的生命,演戏是他的食粮"。可是,演皇帝也给我带来灾难,《清宫秘史》曾遭到全国规模的批判,被加上"卖国主义"的罪名。可是我不后悔,人间自有公道……

——舒适

第一章

"戏子" 诞生

他原本叫舒昌格，跟着父亲追捧梅兰芳，却因母亲反对当不成梅派弟子。但机缘巧合，他还是走进了演艺圈，堂堂七尺汉子终成母亲心目中的"戏子"。"舒适"成了他的艺名，取自其父的雅号。

有一次他接受采访时说，遇到金焰和刘琼后，觉得他们的演艺生活非常舒服，非常合适，一脚踏进这扇门就再也出不来了。一语道破天机，"舒服"和"合适"两个词居然正隐含于他的艺名——舒适。

出自名门

1916 年 4 月 19 日，在老北京东城一个典型的四合院里，一个学名叫舒昌格、小名叫"京生"的男孩诞生了。这"京生"似乎有两层含义，一是在京城出生，二是为京戏而生。由此注定，这个"京生"天生要与戏纠缠不休。也许是与"京粉"父亲心意相通，这个属龙的"京生"一出娘胎就哭声响亮无比，惊天动地，哇啦哇啦堪比菊坛花脸。

要知道，这个"京生"舒昌格来历非凡，上溯他的舒氏一脉，有不少了不得的人物，属于实实在在的大户人家，所以不得不大书一笔。

先表舒昌格的祖父。

舒家祖上世代生活在慈溪庄桥（现宁波江北区庄桥街道），为官的不少，因耿直不阿，明朝时曾遭迫害的也不少，大清时则出过三朝"布政司"，相当于现在的省长。到了舒昌格的祖父舒高第（1844—1919）7 岁时，家道中落了，但底子还是非常殷实，就随全家迁居上海，在教会学校住读，因成绩优秀，深受洋先生喜爱。

1859 年，洋先生回美国时带走了舒昌格的祖父等几位高材生，让他们赴美留

舒适（左一）与母亲、兄弟姐妹合影

舒适祖籍所在地：宁波庄桥

舒适的祖父舒高第

学。舒昌格的祖父学的是医学，大学毕业后又到神学院深造，1873 年拿到神学博士学位后回上海，任江南制造局（江南造船厂前身）的技师和医师，曾是我国早期建造万吨轮的总技师，并在上海广方言馆（即同文馆）的英文馆担任教习 26 年多，很有名望。

当时，上海江南制造局有个翻译馆，由曾国藩奏请，于 1868 年 6 月正式开张，是历时最久、出书最多、质量最好、影响最大的晚清官方译书机构，属于洋务运动的产物。译员由中外学者共同组成，其中外籍译员有傅兰雅、林乐知、金楷理、伟烈亚力等 9 人，中国译员有 50 人，1878 年起兼任该馆翻译的舒昌格祖父舒高第和徐寿、华衡芳、赵元益、徐建寅、李凤苞等人是其中的中坚。舒高第从事翻译工作长达 34 年，译作颇丰，有《临陈伤科捷要》《内科理法》《妇科》《产科》《西药新书》《美国宪法纂释》《矿学考质》《炼金新语》《炼石编》《务农全书》等 25 部著作。由此可以看出，他致力于介绍西方近代自然科学知识，成绩卓著。

舒昌格的祖母是个混血儿，与一般华人相比高大许多，因而舒家后代大多体格健硕，与所谓的"东亚病夫"之态相去甚远。舒昌格的祖母生育了十二子二女，要安置如此一大家子，自然需要相应的宅第，舒昌格的祖父便在上海选中面积约合 28 亩的地块（今上海铜陵路、西江湾路、中山北一路一带），平地造起了一幢别墅。舒家出自慈溪庄桥，此建筑便名为"庄家阁五号"，舒家后人则习惯称之为"舒家弄"。因为舒高第曾留学西方，太太又是半个洋人，生活习惯亦中亦西，所以建筑风格颇为洋气，格局却有点北京四合院的味道，辈分最高的住中间的屋子，

艺高德劭百岁公 ◆ 艺术传评

上海西江湾路庄家阁 5 号舒家老宅，又名"舒家弄"

子女的房间环绕四周，分别排列。屋后则有大片农地，可以种植各种瓜果蔬菜，自给自足。舒家非常注重体育锻炼，所以还在"舒家弄"里建了游泳池。对子女的教育也中西并举，家里开办了私塾，聘请举人或秀才教古文汉字，舒昌格的祖父则亲授英语，成功地使舒家的孩子们打下两种语言基础，可说是最早的"双语教育"。

再论舒昌格的父亲。

舒厚德（1885—1949），字石父，排行第四，曾在上海广方言馆就读，品学兼优。十三四岁的时候，有着四分之一洋人血统的舒厚德因个子特别高大，虚报 16 岁投考赴日本官费留学，竟被录取。于 1898 年 11 月，和吴锡永、陈其采、许葆英等一起进日本成城学校，接受军事预备教育，成为我国第一批留日军校生。舒昌格的父亲成绩非常好，射击等等都名列前茅，所以不久就成为日本近卫步兵第四联队的见习士官。1902 年 3 月毕业回国，历任沪军第一师第二旅旅长，总统府军事咨议、军事顾问，国民政府参军处总务局局长等要职。1911 年，26 岁的舒厚德被授予陆军少将军衔，成为中华民国最早的年轻将领之一。但因厌恶军阀混战，不愿意打内战，舒厚德就去了当时的北平陆军大学（现为中国国防大学），担任教官，中将军衔。不久又索性与几位志同道合的同窗好友一起脱离军界，到银行工作。这就是在上海有大宅邸的宁波人舒厚德将军在老北京生儿子的缘由。

　　拥有八分之一洋人血统、排行老三的"京生"舒昌格最受父亲宠爱，舒厚德尚在妻子十月怀胎的时候，就"先知先觉"地对她说："你现在怀的一定是我们孩子中最有出息的！"而且，为了这个将要出世的"最有出息的孩子"，人高马大、器宇轩昂的舒厚德居然出乎意料地决定告假，亲自用缝纫机把舒昌格的小衣服一件件做好。

舒适的父亲舒厚德，字石父

父子戏迷

　　舒厚德教书之余迷恋京戏，尤其是对梅兰芳，简直钦佩得五体投地。每逢假期或稍有闲暇，他就约了当年一起留学的将军们去听梅兰芳唱戏，一来二去，自己也能哼几句了，以致戏瘾越来越大，干脆成立了一个"捧梅团"，专为梅兰芳捧场。将军们俸禄丰厚，很想为梅兰芳慷慨解囊，但是，如果直接给钱，名角会有受辱之感，有损尊严，所以，军官们想出妙招，每场戏结束后，就买下全副行头，这就等于赞助了梅兰芳。于是，一边心花怒放，一边心安理得，交情越来越深厚。舒厚德在家里备了四只木箱，上面绘有描金花纹，古色古香，里面装满了梅兰芳穿过的各

放梅兰芳戏装的描金箱子

式戏装，都是花钱买下的。这四只描金的箱子成为舒厚德留给后代的宝贵遗产，此为后话。

渐渐地，舒厚德和梅兰芳成了密友，除了去戏院看戏，还隔三差五亲临梅府"开小灶"，听堂会。每逢这样的机遇，小小的舒昌格就有幸屁颠屁颠地跟随父亲迈进梅家大院，因为他是父亲最宠爱的孩子嘛！舒昌格仿佛记得，那是东城区无量大人胡同（1965年改称红星胡同）一处有三进院落并带有花园的住宅，那院落给他最深刻的印象就是静谧、漂亮、神秘，那满园的树啊花啊，姹紫嫣红，顿觉心旷神怡；走进梅先生著名的"缀玉轩"书斋，那悠扬的琴声和婉丽的唱腔就牢牢地刻在心里，再也挥之不去了。那时的舒昌格年纪太小，当然听不懂那种"咿咿呀呀"的京戏唱的是什么，但从父亲击着拍子、摇头晃脑的陶醉相可以断定，这肯定是好东西！

此后，舒家只要有人过生日，舒厚德就请梅先生来家里唱堂会，邻居们纷纷来看热闹。渐渐地，舒昌格听出些韵味了，便不知不觉开始在心里跟着哼唱起来。比他大几岁的哥哥也在学唱，兄弟俩便成了搭档，一招一式地模仿起来，而且时常交流。舒厚德看在眼里，喜在心上。

后来，梅兰芳从北京转来上海发展，舒昌格便跟着父亲及家人也从北京来到了上海。舒厚德来上海的缘由当然仍为了"追梅、捧梅"，这种对京剧名角的追捧程度，与现在迷恋明星的"粉丝"相比，真的是有过之而无不及。更奇妙的是，舒昌格这时候居然也是7岁，和他祖父来上海的年龄一样，这种巧合是否蕴含着什么玄机呢？

来到上海后，舒昌格依然被父亲带着，到东到西听梅兰芳唱戏，他对京剧艺术已经从懵懂变成喜爱，甚至变成一种瘾，开始有意识地主动亲近这种神秘的、极富感染力的声音。

有一次，放学回家的舒昌格没见到父亲，原来又去梅家听戏了。舒昌格二话不说，噔噔噔噔就冲梅府跑去。梅府门房是新来的，见来了一位穿着普通藏青色长衫的少年，也不知道他是大户人家的公子，为了不影响主人唱戏，就叫他先坐会儿。舒昌格也就听话地等在了门房。不一会儿，三个脚夫抬着沉重的物件而来，见有个闲着的男孩，就叫他搭把手，一起把货物抬进去。舒昌格大喜，觉得正好可以趁机进去，便什么也不说抬起东西就进了内院。梅府管事的迎了出来，吩咐把东西抬进后面仓房。梅兰芳一眼瞥见了舒昌格，立刻嚷嚷起来，你们怎么搞的啊，叫舒少爷干这样的体力粗活?! 梅府管事见自己居然没认出舒少爷，脸一红，赶紧为舒昌格叫座、看茶。舒昌格的父亲见儿子来了，特别高兴，他倒很大度，一再打圆场，说男孩子出点力气无所谓的。舒昌格也不觉得被怠慢，相反，还为能帮着梅家出点力而兴奋呢! 舒昌格四处打量着梅府，觉得梅先生的住处依然是那么低调雅致，却与京城的不太一样，墙上悬挂着一款直幅的隶书，那上面四个大字他是识的——"梅华诗屋"，可是落款看不懂。父亲告诉他，那是清代杰出书画家金冬心的手笔，梅先生用来作为现在的书室名。

　　10岁的时候，舒昌格已经把梅派以及其他京剧各派的一招一式、一板一眼，各名家的唱段都学得像模像样了，开始跃跃欲试粉墨登场，为亲戚朋友们表演。听到底下的喝彩声，他感受到表演的快感，唱得更起劲了。

童年时期的舒适（左三）

童年时期的舒适（右一）

13岁时，舒昌格小学毕业了，父亲见他天赋甚高，而且也确实喜爱京剧，便有意送他去拜梅兰芳为师。不料，与舒昌格的母亲一商量，遭到竭力反对。舒昌格的母亲虽然也很欣赏梅兰芳，而且很支持丈夫"捧梅"，甚至曾为梅兰芳做过新戏的服装道具，但她认为，玩玩票可以，一个男孩子要专门去学唱戏当戏子太没出息。于是，舒昌格拜师学艺这件事只得作罢。

为了不使舒昌格小小年纪受此挫折而一蹶不振，父亲表示，将来要送他去国外学硝皮制作，当一名响当当的工程师、实业家，轰轰烈烈干一番振兴民族工业的大事业。至于唱戏，权当私人爱好，自娱自乐也罢。其实，这点小挫折并没消磨舒昌格的斗志，当一个民族实业家的远景对他吸引力也不大，对京剧的迷恋更没有因此而减淡半分，还是经常在哥哥拉着胡琴伴奏下，和姐姐、妹妹一起哇啦哇啦唱。

到了这时候，梅兰芳和舒昌格的父亲早已超越名角和戏迷的关系，在梅兰芳心里，舒昌格的父亲无异于他的恩人。可以说，没有这帮军官"捧梅团"，就没有梅兰芳的迅速蹿红，所以，梅兰芳也经常会光顾舒家。

一日，梅兰芳和另一名伶程砚秋一起来到"舒家弄"，看望舒昌格的母亲，二人合送了一把纸扇给舒昌格的父母，扇子正面是梅兰芳亲笔画的水仙和天竺，题款：石父先生命书；另一面则是程砚秋的墨宝，五言诗一首：荷香清露坠/柳动好风生/微月初三夜/新蝉第一声/乍闻愁北客/静听忆东京/我有竹林宅/别来蝉自鸣/不知池上月/谁拨小船行。

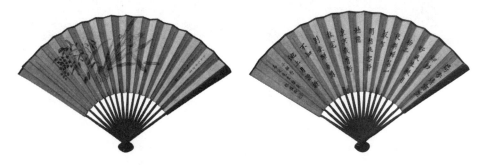

梅兰芳画的扇面，反面为程砚秋题诗，赠舒适父母

又一日，舒昌格的祖母做寿，梅兰芳不仅前来贺拜，而且执意要登台献艺。舒昌格顿时精神一振，聚精会神、目不转睛地盯着梅兰芳。只听梅兰芳一亮嗓便是一出《思凡》：

> 小尼姑年方二八，正青春被师父削去了头发，我本是女娇娥，又不是男儿郎。为何腰系黄绦，身穿直裰，见人家夫妻们洒落，一对对着锦穿罗，不由人心急似火。奴把袈裟扯破，埋了藏经，弃了木鱼，丢了铙钹。学不得罗刹女去降魔，学不得南海水月观音座。夜深沉，独自卧；起来时，独自坐，有谁人孤戚似我？似这等削发为何？恨只恨说谎的僧和俗，哪里有，天下园林树木佛？哪里有，枝枝叶叶光明佛？哪里有，江河两岸流沙佛？哪里有，八万四千弥陀佛？从今后，把钟楼佛殿远离却，下山去，寻一个年少哥哥！凭他打我骂我！说我、笑我！一心不愿成佛！不念般若波罗！

举座皆惊，舒昌格更是陶醉不已。临了，梅兰芳又拿出一把纸扇，恭恭敬敬地赠送给舒昌格的父亲，只见扇面上画着仿宋风格的无量寿佛，又出自梅兰芳之手，据说他的佛画在圈子里已经颇有点名气；另一面是书法家王云的手笔，七律一首：十里沿洄暮霭昏/熟衣天气半清温/菰蒲响雨烟沉浦/芦荻迥船水到门/跃网忽惊鱼尾健/坠檐初见橘影繁/好山偏阻登高屐/笑指郎家半日村。此诗情画意竟与傍水的"舒家弄"有几分相符。

后来，梅兰芳曾两次看过舒昌格演《坐宫》里的杨延辉，一次是他二姐结婚，

梅兰芳画的佛像扇面，反面为书法家王云题字，赠舒适父亲

一次是姨夫做寿，都是唱堂会。舒昌格很清楚，自己只是票友水平，尚未经受世态炎凉，要表现深陷困境的杨四郎，肯定有所不足，但他不怕被梅兰芳数落，觉得能让"伶界大王"审视自己表演，就是莫大的荣幸。

初登舞台

1933 年，因母亲反对而未能成为梅兰芳弟子的舒昌格，进了上海光华大学附中学习，后又进了复旦附中，毕业后考进复旦大学，因为篮球打得好，又因复旦闹风潮，一年后重视体育的持志大学（上海外语学院前身）就要挖他，而他也就顺水推舟，转到持志大学法律系就读。这时候，他已经长成高大帅气的大小伙子，依然喜爱京剧，渴望上台表演，曾经彩排过《连环套》，饰演黄天霸，还演过《四郎探母》中的公主，却从未加入任何戏剧组织，"复旦剧社""持志剧社"都不参加，也许是因为母亲对做"戏子"的否定态度使得他不敢越雷池吧！

不久，左翼戏剧家石凌鹤以"大学剧人协会"的名义，带着一帮校园戏剧新人要去杭州演出他编剧的《黑地狱》，揭露日本帝国主义在天津勾结汉奸秘密屠杀中国工人的罪行。朋友们知道舒昌格喜欢戏剧，便把他也拉去。临演出前，有两个配角未找到合适的扮演者，大家就怂恿他上台。可之前他从未参加过这台戏的排演啊，一下子要担当两个角色的扮演任务，虽然是小配角，也不简单！想不到舒昌格小试牛刀一炮打响，把一个白面吸食者和一个警察演得活龙活现，朋友们对着他直竖大拇指，石凌鹤也不住地点头，觉得舒昌格是个可造之材。从此，也算是"大学剧人协会"一员的舒昌格对演出更是着迷了，经常流连于"话剧大本营"卡尔登大戏院（即黄河路上的长江剧场，现已拆除）。

1937 年"八一三"淞沪抗战爆发后，持志大学沦为战区，"舒家弄"也在战火

大学时期初登舞台的舒适

覆盖范围之内，舒家只好逃难到法租界栖身，舒昌格的母亲租了间公寓，一家人挤在一起。舒昌格为了方便和自由，独自借住于辣斐德路（今复兴中路）颖村的一间小屋。由于原先的校舍大部分被毁，只能在何世桢校长暂时租赁的教室里断断续续地学习。

过了一阵子，舒昌格发现，住在楼上的两家邻居特别眼熟——他认出来了，那不是谢添、陶金两对演员夫妇吗？他们既演话剧又拍电影，都是大明星啊！舒昌格对他们拍的电影太熟悉了：谢添演过《夜会》里的花花公子，还有《清明时节》《生死同心》……那个陶金是《黄浦江边》《女同学》的主角，刚刚拍好《杨柳村》，而陶太太章曼苹，在《女权》《清明时节》以及新公映的《压岁钱》中见过！舒昌格觉得，和这四位非常投缘，尤其谢添，他兴趣广泛，会拉胡琴唱京戏，而且也爱好体育，打乒乓、打篮球都是好手。所以舒昌格和他们在一起有说不完的话，有意无意地总想接近他们。反过来也一样，谢添和陶金对舒昌格这位年轻英俊的后生也一见如故，极为欣赏。于是，一边是大有表演兴趣，主动接近，一边是惜才爱才，相谈甚欢。舒昌格很羡慕他们那种自由自在的演艺生活，可是不久，他们要随演剧队去内地巡回演出宣传抗日了。

舒昌格有点失落。幸运的是，作为大学篮球联队队长的舒昌格还有两个铁哥们，这就是之前经常来他们学校打球的两位"电影皇帝"——金焰和刘琼。在球场上竞技之余，每当听到他们讲拍电影的种种趣闻和细节，就觉得这些电影演员的生活充满神秘感，用舒昌格的话说就是"非常舒服""非常合适"，与谢添、陶金两对夫妇为邻时产生的冲动又一阵阵袭来，不禁对进入这个圈子心向往之，跃跃欲试。

有一天，他终于鼓足勇气开了口，希望金焰和刘琼能当引路人，推荐他加入这个行当。金焰和刘琼对这个挺拔伟岸的兄弟也十分欣赏，觉得是个可造之材，便一口应允。

正好，当时像谢添、陶金两对夫妇这样的戏剧、电影工作者纷纷参加抗日救亡演剧队，大多奔赴内地去宣传抗日救亡了，只剩下一部分留守上海，生活拮据，有的甚至很穷困。为了克服困难度过这个特殊时期，也为了不放弃"孤岛"的戏剧文化阵地，于伶、欧阳予倩、阿英、许幸之、李伯龙等就以这些人为基础，要组织一个剧社，名曰"青鸟"，再招一批新人，以补充演员和工作人员的不足。有一天，好友王竹友跑来告诉了舒昌格这个消息。他开始还有点犹豫，最后在金焰和刘琼的鼓动下，他豁出去了，稍加训练后就瞒着母亲鼓起勇气前去报名、应试。由于他登台唱过京剧，也在话剧中跑过龙套，尽管没有系统学过表演，面对众多考官倒也不怯场，嗓音洪亮，表演一板一眼，有点舞台腔，演话剧无碍。只见几位考官互相咬咬耳朵，他被录取了。通知书寄到家里的时候，母亲发现了，把他大骂一通之后，立刻写信告诉了当时远在福建厦门当银行经理的舒厚德，说儿子居然要在上海演"文明戏"，要求他好好教训一下这个"大逆不道"的儿子，并且出面阻止。母亲想不通，舒家世代忠良，全是国家的栋梁之才，祖上未曾出现过一个伶人戏子——公公（舒昌格的祖父），上海滩著名的翻译家；丈夫（舒昌格之父），年轻时一身戎装精忠报国，脱下军装也是有头有脸的金融家，即使喜欢梅兰芳也只是出点钱捧捧场而已，自己也帮他为梅兰芳做过戏装，但这算不上什么，只是属于兴趣爱好和助人为乐。舒昌格堂堂七尺男儿，自己和丈夫对他从小就寄予厚望，认为他一定是孩子中"最有出息的"，可是他为什么从小到大就是一根筋只想当"戏子"不愿做实业家呢！她其实对话剧并不很理解，只是笼统地知道这是"文明戏"，认为这种在舞台上唱唱跳跳吃开口饭总非高档职业，也非成功人士所为。舒厚德倒是非常理解儿子的心愿，觉得当演员也没什么不好，他暗忖，儿子今后也许真能成为梅兰芳那样的大师级表演艺术家呢！所以这一次他没有硬劝儿子放弃，而是把选择的权力完全交给了儿子。他给妻子回信，表明自己的态度："他爱干什么就干什么吧！"舒昌格的母亲没话讲了，虽然她对丈夫暗暗有点不满，认为不该纵容儿子"胡来"，但对于丈夫的决定她一直是支持的，因为事实证明，丈夫的决定常常是正确的！于是，她只能对儿子放手，随他去了。

舒适问世

于是，舒昌格开始了真正的演艺生涯。同仁们对他说，演员要有个与众不同、响亮易记的艺名，"舒昌格"这个大名很文艺、很文雅，可是太普通，不太吸引人。

舒昌格甚以为然，绞尽脑汁，就是想不出一个好艺名。正一筹莫展之际，无意间翻到一张名片，上面印着父亲的姓名"舒厚德"，字"舒石父"，还有雅号："舒适"。他不由眼前一亮，心花怒放，这个看似顺手拈来的雅号朗朗上口，又太耐人寻味了！

舒昌格立刻写信给父亲，恳求赐予这个名字。父亲慷慨允诺。到了这个份上，母亲也就只能默许了，但她骨子里始终看不起这个行当，根本不可能理解这是崇高的艺术，以至于舒适的一个妹妹也想吃这碗饭的时候，她说什么也不答应，理由是：家里有一个就够了！

舒适参加的这个青鸟剧社拥有欧阳予倩、许幸之、于伶（当时名尤兢）、吴江帆、顾仲彝、朱端钧、徐渠、洪谟等著名编导；演员则有陆露明、英茵、吴湄、白虹、顾也鲁、蓝兰、夏霖、柏李、张可、顾梦鹤、夏风等等，当然还有舒适，新人占了一大半。

当时，专门放映国产一流电影的新光、金城两大戏院因为日军侵占而变得生意惨淡，片源跟不上，只能放映一些三四流的进口片。没想到，1938年元旦开始，新光、金城起死回生，青鸟剧社几乎同时在这两大戏院推出一批有分量的话剧：许幸之导演的《雷雨》，欧阳予倩导演的《日出》，于伶编导的《女子公寓》，阿英编剧、于伶导演的《不夜城》，洪谟导演的《大雷雨》等，把"孤岛"的戏剧舞台经营得轰轰烈烈、红红火火。舒适就在元旦这一天正式登台，并且同时在曹禺的《雷雨》和《日出》这两台四幕名剧中亮相，扮演大少爷周萍和银行家潘月亭。后又演《不夜城》中的交际博士袁通，赢得不少美誉。

《雷雨》这台戏非同小可，是曹禺用了五年时间于1933年写就的话剧处女作，如今看来是中国话剧艺术开始走向成熟的标志，包括他1935年创作的曾获《大公报》文艺奖的《日出》，都是当时中国话剧舞台上的扛鼎之作。舒适作为一个新人，初上台就得到机会参演这样两台大戏，证明了他的实力和许幸之、欧阳予倩等大腕对他的期待之高。

《雷雨》通过描写周、鲁两家错综复杂的关系，揭露了人性的多个侧面，使人物显得丰满而复杂，从而使这台戏具有一种诗意的美。舒适把自己的生活经验很自然地嫁接到表演中，他本就出自富裕的大家庭，所以对《雷雨》所描写的那种公

刚刚登上舞台的舒适

馆、厅堂的氛围很熟悉、很理解，他用不着刻意地去演一个少爷，因为他就是少爷，进入这个环境中，一举手一投足，就像那么回事。要花功夫的是把周萍的懦弱、妥协、摇摆、矛盾表现出来，这是有点难度的。还不能有坚毅的表情和激昂的语调，这对第一次正式上台表演的舒适而言，反而容易做到，比较难的是要让自己的眼神显得忧郁一些，保持平缓的语速，好像语言表达有点犹像不决的样子，而舒适是个性子偏急的人，语速一向较快。舒适很努力，把周萍这个人物塑造得很成功，许幸之对他非常满意，观众也对舞台上冒出的这个新人非常认可，很赞美从他身上散发出来的那种优雅的阳刚气息。

演《日出》中的潘月亭经理时，舒适就想到了父亲，他父亲就是资深银行家啊！这种身份的人具有什么样的行为方式和语言习惯，他早就了然于胸，只是要把潘经理这个人物与众不同的个性表现出来。导演对他说，潘月亭不是好色之徒，恰恰相反，他之前是比较刻板的一个人，迷上陈白露可能是他有生以来的第一次浪漫。舒适很聪明，一点就通，把这个任务也完成得很不错，演戏似乎无师自通，自然而流利。

名声鹊起之后，舒适又演了也是曹禺的作品《原野》和《武则天》《阿Q正传》《岳飞》等40多台话剧，上海滩从此诞生了一位叫"舒适"的演员，圈内人喜欢叫他"阿舒",而"舒昌格"这个大名渐渐被人遗忘了。

不久，青鸟剧社完成了使命。于伶携李健吾、顾仲彝、朱端钧、吴仞之等青鸟剧社大部分演职员着手组建上海艺术剧院。在筹建过程中，为救济上海难民进行义演，剧目有顾仲彝根据外国戏剧改编的《梅萝香》和于伶创作的《女子公寓》。舒适扮演《梅萝香》中不动声色工于心计的巨商白森卿。上海艺术剧院因敌伪的破坏和法租界当局的阻挠未能建成，于伶等便于1938年7月以"中法联谊会"的名义在法租界另组上海剧艺社，这是有着中共背景的戏剧社团，堪称"孤岛"戏剧运动的中坚力量，所以上海剧艺社的诞生也标志着"孤岛"的戏剧运动进入一个新的阶段。从1938年秋天始，上海剧艺社进行了大规模的公演活动，有反映现实生活的《夜上海》《花溅泪》《不夜城》等剧目，还有几十出有抗敌意义的外国剧和历史剧，有300多业余剧人参加。

《花溅泪》试演后，扮演洋场阔少"小陈"一角的演员显得有点软弱，不够硬朗，舒适就被导演请上台顶替。导演临时抱佛脚对舒适吩咐一番，舒适草草翻了几遍剧本，第二天就登台了。演这种人物对舒适而言就像小菜一碟，只要把他的正人君子模样换成反面人物就行，当然，他是不愿意丑化反面角色的，还是一本正经地演，但观众看到的就是一个反角。

上海剧艺社的这场话剧运动，也许就是所谓"国防戏剧"的雏形，处于艰难环境下的"孤岛"人民的爱国热情和民族气节被暗暗激活。第一轮公演连续进行了11天、22场，所得款项除收回演出开支，全部捐献给了新四军。

上海滩有本杂志叫《艺海周刊》，登了篇署名为"不平"的文章，把"舒昌格"这个大名又挖了出来，说当初被朋友拖进青鸟剧社，如今活跃在演艺界的这个舒适是"幸运儿"，他就是过去大学里的运动健将"舒昌格"，"入水能游，出水能跳"。按媒体和行内的口碑，舒适几场话剧演下来已是一个令人瞩目的演员，比较他在《日出》里演过的潘月亭和因赌铸错的妓院流氓黑三这两个人物，居然认为是黑三更好一些，还有《梅萝香》中的奸商白森卿和《人之初》里的督军府参议郭敬亭也给人印象深刻。

虽然舒适大部分演的都是一脸正气、相貌堂堂的小生，他自己也更愿意演这一类人物，可是人们觉得他演得好的三个人物恰恰都是反角！要知道，《日出》中的黑三是最让人切齿痛恨的角色，集无赖、地痞、流氓诸特质于一身，有过血雨腥风的经历，积累了一定的冲杀打斗经验，得到金巴爷的赏识和器重而成为其形象代言人乃至化身，但他并非完全无脑的一介武夫，很善于在社会各阶层之间分清敌我和亲疏。舒适在扮演这种与自己反差较大的角色时，必定下了更大的功夫，他演黑三也必定有意无意地加强其智慧或曰狡诈的一面。也许，从那时起他就埋下了反面人物正演的种子，歪打正着获得了成功。舒适虽然没有经过科班训练，但是靠着聪明和悟性，本能地领会到一些表演的真谛，这就是角色没有绝对的好坏之分，一定要挖掘出人物身上的多重性。

第二章

星光闪耀

他一边演话剧，一边拍电影，从话剧新人到电影明星，成为国华公司的台柱小生，继而做到剧影双赢，甚至自编自导，艺术、爱情皆如意。拍电影《李三娘》，他认识了初上银幕的童星凤凰；拍电影《董小宛》，他又和周璇拍档，第一次演皇帝；演历史剧《清宫怨》，他和慕容婉儿感情升温，幸福地走到了一起。媒体夸他"话剧界的健将，银幕上的红人，艺术是他的生命，演戏是他的食粮"，把他与刘琼、王引、严俊合称为"四大硬派小生"，又把他和张翼、梅熹称为"小生三鼎甲"。"孤岛"时期话剧舞台和电影银幕依然活色生香，而且充满抗敌气氛，少不了他的功劳。

银幕起步

相对而言，"孤岛"时期舒适演过的曹禺作品中，《雷雨》的影响可能更大些。早在 1935 年 4 月，这个戏就曾输出日本，由留日中国学生团体"中华同学新剧"（又名"中华话剧同好会"）在东京神田一桥讲堂用汉语演出，但观众绝大部分是中国留日学生。东京帝国大学学生影山三郎有幸观看演出后很受感动，便与剧中周萍的扮演者、留日学生邢振铎一起翻译《雷雨》剧本。第二年，在日本著名剧作家秋田雨雀的大力协助下，日译本《雷雨》由东京汽笛社出版。秋田雨雀在序文中说："从编剧的风格来看《雷雨》，这不是一般的易卜生式三一律结构的戏，可以说是运用电影手法的戏。只有序幕和尾声的时间是现在，其他四幕都是过去发生的事情。这样的结构让这部剧作具有历史发展的必然性。"也就是说，话剧《雷雨》具有改编成电影的良好基础。于是，1938 年，就在舒适他们在"孤岛"把《雷雨》演得风生水起的同时，上海新华影业公司不失时机地推出电影版《雷雨》，由方沛霖编导，陈燕燕、谈瑛、梅熹、傅威廉主演。这让刚刚在舞台上尝到表演甜头的舒适又一次体会到，山外有山楼外有楼，电影的魅力无与伦比，而且，影响力远比话剧要大得多！

所以，舒适对已经在舞台上取得的成就不满足了，他的心飞向了银幕。在熟悉并赞赏他的许幸之导演热心引荐下，他一边继续演话剧，一边进了明星影片公司的大同摄影场，开始了电影生涯，在张石川编剧、吴村导演、董克毅摄影的黑白片《桃色新闻》中扮演一个教师的角色，许幸之当时的太太、已经成名的女明星陆露明，介绍他进青鸟剧社的王竹友，以及龚稼农等人成为他的拍档。这是部描述大学生活的青春片，同宿舍的三位同学交情甚好，同学甲家境清寒，生活却没有节制，喜欢挥霍；甲就通过同学丙向其金融巨贾父亲求助，丙父有求必应，常常慷慨解囊；同学乙则温和诚实，和甲一起在学业上帮助比较落后的丙。舒适饰演的就是这三位同窗好友的老师。其实，他可能更适合演同学丙，因为他也有一个银行家父亲，这对初上银幕的他而言，可能更容易找到感觉、进入角色。可是吴村导演也许洞察到舒适身上成熟的一面，让他担任老师一角，既不是一二号人物，又是人物关系中非常重要的一环。毫无疑问，舒适出色完成了人物的塑造。

因此，《桃色新闻》尚未杀青，舒适又被张石川选中，主演了《歌儿救母记》。这是张石川自编自导的片子——富家公子看上一遭陷害的舞女，舞女在律师的帮助下洗脱罪名与家人团聚。拍档除了陆露明，还有龚秋霞、童星胡蓉蓉等。之后再接再厉，22岁的舒适居然小试牛刀自编自导了《卖花的女儿》。这是一个银幕新人的第三次"触电"，第一次全面掌控拍电影的整个过程，初步显露出他的编导才能，虽然还算不上杰作，却让他对拍电影有了更全面、更深入的了解。也许是为了顾及严重看轻"戏子"的母亲的感受，舒适从影之初便有意识地多做编剧、导演的工作，而不仅仅是演戏。所以他很重视阅读，想以此来弥补未经科班深造的不足，遗憾的是当时很难觅到影剧方面的专论，也没时间让他跑图书馆，只能随手翻到什么

《歌儿救母记》剧照

就看什么，总有好处。张石川非常看重聪明又好学的舒适，写好剧本初稿后，往往要叫他润色一遍。

不久，明星电影公司毁于战火，舒适就跟着老板张石川，先后加入柳中亮、柳中浩、张世铨等人新创办的国华影片公司以及周剑云和南洋影院商人合资开设的金星影业公司，并很快成为"国华"的台柱。一两年内，舒适拍片不断：《歌声泪痕》《夜明珠》《红花瓶》《李三娘》《新地狱》《董小宛》《孟丽君》《苏三艳史》《秦淮世家》《红粉金戈》《无花果》《孤岛春秋》《花溅泪》《桃花湖》《地老天荒》《白衣天使》……他在《歌声泪痕》中扮演的大少爷，西装革履，手执司迪克，现在看来颇有好莱坞电影《百万英镑》中格利高里·派克（Gregory Peck）之风，令人耳目一新，但舒适的《歌声泪痕》要远远早于《百万英镑》，所以只能理解为他身上有着与生俱来的贵族气质和绅士风范；而《李三娘》无疑可以视为舒适的电影成名作。

《夜明珠》剧照，中为舒适

《孟丽君》剧照

《苏三艳史》剧照

《红粉金戈》剧照

初识凤凰

　　《李三娘》原是地方戏,有多种版本,又名《白兔记》《咬脐郎打围》《李三娘打水》等。民间有说词:刘皇叔哭泣江山稳,孟姜女哭倒万里城,秦雪梅哭倒机房里,李三娘哭倒磨房门。

　　张石川导演的这部电影,内容与民间流传的"李三娘"故事大同小异,说的是一个先苦后甜、破镜重圆的故事:武将刘智远被李员外收留后,娶其女儿李三娘为妻。李员外死后,儿媳刁氏对其夫妇百般刁难。岳元帅招兵,刘智远因武艺精湛被破格录用,岳元帅还将女儿嫁给他,刘智远不敢推脱。可怜李三娘在磨房里干粗活的时候生下早产儿,自己咬断脐带,所以这孩子就叫"咬脐郎"。仆人将孩子带给刘智远,刘智远怕岳氏知道真相,称其为义弟之子,让岳氏认其为义子。12年后,岳元帅去世,刘智远统领全军。一日,李三娘正在井台边打水,跑来一只中箭受伤的白兔。后有小将追至,攀谈之下,方知李三娘为其生母,当场不敢相认。回去后禀告其父,夫妇、母子才得以团聚,而刁氏夫妇被罚推磨三年。

　　舒适就扮演那个刘智远,周璇扮演李三娘,这可能是舒适和周璇的首度合作。当时尚缺李三娘之子"咬脐郎"的扮演者。一个偶然的机会,国华影业公司的老板柳中浩、柳中亮兄弟及张石川导演选中了一个叫严慧秀的11岁小姑娘,让她反串男孩,

《李三娘》剧照,凤凰在前,舒适在后

《李三娘》中周璇和凤凰扮演母子　　　　　　《李三娘》中凤凰与周璇相遇的一场戏

扮演舒适和周璇的儿子。巧的是，舒适和严慧秀都属龙，两人的年龄整整相差一轮。

舒适扮演的刘智远是一员猛将，要舞大刀，严慧秀则要学骑马、舞剑、射箭，因为这个少年是文武全才。她就跟着舒适大哥一起，每天早上去郊区大西路（今延安西路）的练马场学骑马。马高人小，严慧秀靠自己的力量骑不上马背，舒适就把她抱上去，轻轻松松。下午舒适又带着她一起到武术老师王子平那里去练武术。王子平教舒适刀术，王子平的弟子则辅导严慧秀舞剑。舒适靠着京剧底子，舞刀难不倒他，练了几下子动作就像模像样了。严慧秀则人小记性好，把动作一个个记在心里，几天练下来也像那么回事了。导演张石川一看，不禁暗暗点头。

电影《李三娘》终于在甘世东路（今嘉善路）老"天一"影片公司的摄影场开拍了。因为还是"孤岛"时期，不宜出远门拍外景，所以只能在摄影棚里搭布景拍摄。老"天一"的摄影棚非常简陋，隔音条件很不好，为了躲避白天的嘈杂，一般下午进去，做些准备工作，然后在夜深人静的时候正式拍摄，往往一干就是通宵，要拍十几个镜头。如果外面有一点点声音，马上叫停。只要听到汽车喇叭响，张石川马上喊"Cut"，所以演员们连呼吸都不敢用力，第一次拍电影的小姑娘严慧秀更是战战兢兢，对一切都感到新鲜。

正式拍摄时，张石川大部分时间一言不发，具体事情都由副导演等等张罗，他发觉什么不符合要求才开口。大家好像都有点怕他。但是张石川又很有激情，演员排戏的时候，他会在旁边喊，有时候也会和演员一起做动作。

戏里戏外，舒适和周璇两个大演员都把严慧秀当成自己的小妹妹。拍戏的时候，见她有什么不懂，舒适就负责教她。可是在影片中，舒适和严慧秀没什么对手戏，只有一次，两个人各骑一匹马，刘智远跟在"咬脐郎"的后面。周璇则是从追兔子这场戏开始和她有了接触，之前两个角色也没有交集。为人厚道的舒适，没有自己镜头的时候，就在一边密切注意着这个小姑娘的表演。

电影《李三娘》广告

那天拍摄"咬脐郎"飞马追兔子的镜头，张石川要求马尽量跑得快，严慧秀被舒适抱上马背后，试了几遍，可以正式拍了。当摄影机开始转动的时候，张石川又喊："还要快！"于是严慧秀挥鞭一抽，身下的小白马就向前冲去，可能马蹄正好踏在一块腐烂的地板上，一下子踩破个大洞，马失前蹄，失去重心的严慧秀被甩在了地上。舒适等人立刻冲过去把她搀起来。所幸没有受重伤，就是膝盖处的皮破了点，严慧秀吓得大哭。穿着李三娘戏装的周璇也跑过来，和舒适一起安慰她，这才使她的情绪渐渐平息。张石川见无大碍，便吩咐在她伤口上涂点红药水，包扎一下，继续拍。这个镜头居然也就一下子拍成了。

《李三娘》是舒适早期的重要作品，也是严慧秀的处女作，拍好后，先在报纸上做广告，动静很大，有时是整版，有时是两个整版跨页拼在一起，大标题"国华巨片《李三娘》，主演周璇、舒适"非常醒目，严慧秀的名字则在下面，字号小很多，但对于初上银幕的小不点来说，已经很开心了，充满了成功的自豪感。据说，周璇的大名在前，还是舒适主动谦让的结果，这让周璇分外感动，从此两人建立了深厚的友谊，成为银幕拍档，合作数十次，被传为佳话。

由于有舒适和"金嗓子"周璇两位大明星挂帅，又是大导演张石川的作品，所以《李三娘》的票房非常好，舒适和周璇的名气越来越响。舒适在《李三娘》中扮演的刘智远，被媒体评价为"有魁梧的身材，男性美的面孔，在演艺上又有独到之妙，简直就是活的刘智远"。

在银幕上扮相俊秀的严慧秀也得到了观众的认可。当时周璇也就只有 19 岁，一年前刚与明月歌舞团的演员、作曲严华结婚，《李三娘》的电影配乐，包括插曲

《梦断关山》，就是严华的作品之一。拍完《李三娘》，舒适和周璇都很喜爱严慧秀这个小姑娘，周璇喜欢叫她"小妹妹"，经常领着她到东到西玩。严慧秀也和舒适、周璇这两个大哥哥、大姐姐十分投缘，喜欢跟着他们。在大同摄影场附近，舒适把小巧玲珑的严慧秀抱在手里拍了几张照片，作为一起拍摄这部电影的纪念。

《李三娘》中的舒适与凤凰

拍好《李三娘》后，舒适与凤凰合影留念

严慧秀很喜欢拍电影，国华公司的两个柳老板包括张石川导演也都很欣赏她，认为她是个可以培养的好苗子，便说服她父亲，请他同意把女儿留在国华公司。于是，严慧秀成为国华公司的签约童星，而且一签就是六年。合同规定，每月有50元薪水，每年拍四部电影，超过四部再给酬金。这样，严慧秀成为严家的招财童子，一下子帮助解决了抗战期间严家经济困难的大问题，严父的心里乐开了花。从此，严慧秀一边继续在上海中国中学读书，一边作为童星拍电影，只要有小孩角色，不管男女，她都演，一会儿反串公子，一会儿扮演乞丐，作为童星名气越来越响，摄制组内都称她为"小胡蝶"。这时候，张石川意识到，该给严慧秀起一个漂亮的艺名了，经过一番斟酌，决定给她冠名"凤凰"。这个吉祥喜庆的名字暗暗寄托着张石川对她的希望，就是将来能比胡蝶更红。

经过包装的"凤凰"诞生了，与具有"中国的秀兰·邓波儿"之称的胡蓉蓉、陈娟娟、牟菱一起，被称为当时中国的四大童星。但是不久，牟菱拍了《掌上明珠》后去了美国，胡蓉蓉拍了《小侠女》后改学芭蕾，不拍电影了，就剩下凤凰和陈娟娟。凤凰为了能有进一步的发展，也出自兴趣爱好，空闲的时候她就学跳踢踏舞，还跟着周璇一起去学弹钢琴。

有得有失

《李三娘》之后，舒适和严慧秀又在同一部电影里出现，这就是揭露社会黑暗现实的《新地狱》，却用喜剧的形式表现，导演是吴村。故事说的是三位年轻女子从战区逃到上海避难，合租了石库门后楼的一间房子，一天，从报上看到招聘家庭教师的广告，就前去应试，认识了也去应试的四位流浪汉。那四位流浪汉也合租了石库门里的一间房子，夜里被嘈杂的女声吵醒，只见隔壁房间的布幔上映出三个女子的身影，这才明白，原来就是白天相遇的那三位。第二天，三女子又外出找工作，途中又与四位流浪汉相遇，时值中午，他们典当了衣帽换取钱币，邀请她们一起午餐，从此成为好友。三女四男回家后得知，那幢石库门后客堂的房客断炊已有三天，小姑娘的祖父被日本飞机投的炸弹炸伤，姑妈被吓得精神失常，而父亲从军报国在外，生活极其困难，便决定联手到市中心广场演出露天戏，筹款救济。不料演出效果特别好，各电台争邀演播他们的节目。某戏院的经理也邀请他们去演出，并同意他们演出期间住在戏院。原来租屋给他们的二房东误会他们是躲避欠租，便

《新地狱》剧照，中后为舒适，中前为周璇

将房间另租给别人。他们七人演出期满后回来，无处栖身，正与二房东发生争执，忽然听到后客堂传来哀哭声，原来小姑娘的祖父因病重不治而亡，姑妈也自杀身死。他们深感这幢房屋就像是一座新地狱，决定离开这个黑暗之地，临别前将演出所得全部用来接济后客堂贫苦的女主人和小女孩……

严慧秀扮演的就是那个后客堂孤苦伶仃的小女孩，仍然梳着童花头。这部电影几乎出动了国华公司的全部主要演员，男演员除了舒适，还有白云、徐风、龚稼农，女演员有周璇、周曼华、蒙纳等等。舒适、周璇等七人在这部电影里又唱又跳，十分热闹。因为具有明星效应，这部电影的票房也特别好，舒适的父亲就约梅兰芳先生到电影院看儿子参演的这部轻喜剧新片，可是梅兰芳看了这部电影后却不认可，觉得"糟透了"，请舒适的父亲转达他的意见："以后不要再拍这种胡闹戏。"被伶界大王批评，舒适受到很大震动，一直把这句话记在心里，先前因票房飙红带来的喜悦顿时烟消云散，他沉下心认认真真地思考梅先生的金玉良言，觉得非常有道理，应该把艺术上的追求放在第一位。

舒适早期出演的电影大部分是古装戏，这对有着相当京剧表演功底的他而言，是一大幸事，可以让他较快地消除对电影的生疏感，顺利进入角色。这，也许就是舒适一登舞台、一上银幕即获成功的缘由。《董小宛》是舒适主演的第二部古装片，第一次扮演了一个皇帝——顺治。

《董小宛》剧照，舒适第一次演皇帝

张石川、郑小秋联合导演的这部电影，舒适又和周璇联袂主演，还有徐风、尤光照、龚稼农、吕玉堃等名角。剧情以明朝末年为背景，主要表现秦淮名妓董小宛的坚贞不屈，以及顺治皇帝的为情所困。才貌双全的董小宛与名士冒辟疆相爱，过着平静的日子。明朝降臣洪承畴平定江南后，将董小宛抢去，带入京城，因恐曹御史参奏，便将董小宛献给顺治皇帝。为了报仇，董小宛只得采取韬晦之计，伪装依从，顺治则对其百般宠爱。洪承畴恐董小宛伺机报仇，遂蛊惑太后下旨，汉女不得进宫，董小宛便被逐出宫外为尼。顺治不顾一切到玉泉寺与其相见，董小宛却已看破红尘。太后派人烧了玉泉寺，顺治却留下诏书，到五台山寻找董小宛，后为老僧点化，剃度出家……

舒适演绎顺治皇帝和董小宛之间缠绵悱恻的感情戏很过瘾，把一个情种皇帝表现得相当真实，惹人怜爱。于是，演皇帝给他带来了声誉，媒体夸他"话剧界的健将，银幕上的红人，艺术是他的生命，演戏是他的食粮"。这些赞誉让舒适很受用，无人时一段《沙桥饯别》不由得脱口而出："……孤赐你锦袈裟霞光万道，孤赐你紫金钵禅杖一条，孤赐你藏经箱僧衣僧帽，孤赐你四童儿鞍前马后涉水登山好把箱挑……"

神仙眷侣

这时候，一个美丽的身影渐渐植入舒适的心田。他和周璇一次又一次合作拍片，从来没有过这种感觉，但是对同在"国华""金星"的这个女同仁却生出一种异样的情愫。他发现，好几个英俊小生经常有事无事喜欢到她正在演出的辣斐大戏院（今长城电影院）后台逛，围着她转呢！

她叫慕容婉儿，原名钱欣珍，1920年3月2日诞生于一个大家庭。她和舒适一样，也是兄弟姐妹众多，也是老三。她家是书香门第，父亲早年毕业于美国哥伦比亚大学，是上海沪江大学的教授，所以母亲对子女的学识要求很高，希望所有的孩子都要大学毕业。可是，钱欣珍在教会办的裨文女中毕业后，正值抗战时期，由于父亲过早谢世，导致家里经济发生困难，靠父亲生前放在银行里的一点保险金维持家用。所以，成绩优秀的钱欣珍不得不中断学业，想早点工作减轻家庭负担。

钱欣珍是周璇的粉丝，经常喜欢在无线电里收听明月歌舞团尤其是周璇的节目，便与周璇通信，来来往往就熟了。奇巧的是，周璇当时的住处也在极司非尔路（1943年更名梵皇渡路，今万航渡路），就在钱家斜对面，两人接触就更方便、更频繁了，一直发展到成为好朋友。渐渐地，面容姣好的钱欣珍进入了这个圈子，于1939年正式加入于伶等人借中法联谊会名义在法租界组成的上海剧艺社，先后在《上海屋檐下》《碧血花》《夜光杯》《夜上海》等进步话剧中饰演角色，受到好评。

和舒适一样，进入演艺圈要起个叫得响、记得住的艺名，钱欣珍喜欢双姓，以区别当时绝大多数艺人的名字。于是，上海剧艺社的领军人物于伶就为美丽的钱欣珍起了个宛如古典文学作品中的人物名字：慕容婉儿。

在演出舞台剧的同时，慕容婉儿也像舒适一样，先后加入上海"国华""金星"

周璇赠给慕容婉儿的照片

"民华"等影片公司,在《孔夫子》《花溅泪》《孤岛春秋》《西厢记》《地老天荒》《惜分飞》《故城风云》和《艺海春秋》等影片中扮演主要或重要角色。仅1941年就参加了12部电影的拍摄,迅速成为红极一时的电影女明星。在上海的影迷眼中,慕容婉儿也许可以称为中国的葛丽泰·嘉宝或者英格丽·褒曼。

舒适和慕容婉儿第一次在同一部电影里担任角色,是1940年拍摄的《秦淮世家》。

《秦淮世家》剧照

这部由范烟桥根据张恨水同名小说改编、张石川导演的电影，讲述的是一个社会世俗故事，舒适扮演男主角——拾金不昧的书贩徐亦进，周曼华扮演女主角——歌女唐小春，慕容婉儿当时初上银幕，扮演一名配角——交际花露斯。

舒适的角色和他本人很像，人品好、重义气，拾到歌女唐小春的钻戒立即归还，连偷鸡摸狗的王大狗自从与他成为结义兄弟后也改邪归正，成为一个孝子，并为邂逅的少女排忧解难。慕容婉儿的角色则与她本人反差很大。慕容婉儿是个重情轻财之人，可是这次扮演的交际花却是个见钱眼开、顺手牵羊的角色。可贵的是，这样的反角她也能胜任，可见从形象到气质，她都具有很强的可塑性。也许，从那时开始，舒适和慕容婉儿就埋下了相爱的种子。

对舒适和慕容婉儿来说，最值得纪念的是1941年！这一年，他们共同出演了

《孤岛春秋》剧照，左为慕容婉儿

电影《孤岛春秋》报纸广告

三部电影、一台话剧。电影是吴村编导的《孤岛春秋》和于伶编剧，张石川、郑小秋导演的《花溅泪》，以及舒适自编自导的《地老天荒》。都是金星公司出品。《孤岛春秋》里有三男三女，丁氏三姐妹分别认识了做裁缝的徐云、脂粉店店员尤光和红叶理发店的理发师。三个男青年为获得三女的芳心，均夸大自己的身份。一日，六人不期而遇，三姐妹各自用夸大的身份介绍男友，回家后一对质发现三人均在吹嘘，心里非常不满。而三个男友在看戏时被剧情所感，本欲辞行去"自由区"为国效力，但遭三姐妹冷淡后痛不欲生，幸得三姐妹的邻居龚医生及时救助。最后，三姐妹与三男友尽释前嫌，一同奔赴"自由区"。舒适演理发师，而慕容婉儿演丁二姐。《花溅泪》里舒适饰演学生"小李"，慕容婉儿饰演舞女曼丽，都算不上一二号人物，二人在戏中也无太多纠集，但是经过两部电影共事，彼此已经有所了解并生出些许好感。舒适觉得慕容婉儿美丽大方，慕容婉儿感到舒适坦诚真实，在众多追求者中，这个身高体健的舒适最能走进她内心深处。

接下来，舒适和慕容婉儿又在姚克编剧、费穆导演的清廷宫闱戏《清宫怨》中联袂主演，感情骤然升温。

翻译家姚克当时一面在圣约翰大学执教，一面与费穆、黄佐临等合作创建了"苦干剧团"，大力推进"孤岛"话剧运动。日军侵占大半个中国后，姚克为中华民族的危亡而着急而激愤，便想通过文艺作品唤起人民大众抗日救国的热情。但他组织的剧团处于日军占领下的上海，不能公开创作反日的作品，只得借古讽今。姚克

话剧《清宫怨》剧照，舒适与慕容婉儿（右）、狄梵

说："把史实改编为戏剧，并不是把历史搬上舞台，因为写剧本和编历史教科书是截然不同的。历史家所讲究的是往事的实录，而戏剧家所感兴趣的是故事的戏剧性和人情味。"他就用这种方式创作了话剧《清宫怨》。从光绪选皇后开始，写到戊戌变法失败。光绪对慈禧挪用海军军费修建颐和园一事不满，对中国在甲午海战中败于日本而感到耻辱。他决心变法图强，因此接受了维新思想的主张，主张变法，实行新政。他的主张得到珍妃的支持。但是，光绪的变法，遭到以慈禧为首的"后党"的反对，推行不下去，光绪的皇位也处在危机状态。为了维护自己的皇位，掌握全权，推行新政，光绪密令袁世凯刺杀掌握北洋兵权的实力人物荣禄，却被袁世凯告密出卖。大怒之下的慈禧剥夺了光绪的实权，并将其囚禁，自己则重掌君权，杀害了戊戌变法六君子。当八国联军打到北京城时，慈禧逼珍妃投井而死，自己则带着光绪逃往太原。此后，中国发生了义和团运动。

1941 年，话剧《清宫怨》于日本人的眼皮底下在上海璇宫剧场连演 71 天，97 场连连爆满，观众报以热烈的掌声，剧坛也引起了轰动。每一个中国人都自然会因此而联想到抗战的局势，日方也可能有所感觉，但因抓不到任何把柄而无可奈何。舒适和慕容婉儿一个演光绪，一个演珍妃，真正进入了角色。他们在舞台上是一对佳人，舞台下是情侣，演戏时借角色之名谈情说爱，下了台走进夜幕中继续说爱谈情。开始他们出去约会还带着被舒适称为"糟兄"（糟糠之兄）的周楚，而周楚则经常会带几只鸭头，因为慕容婉儿爱吃，这让一些人以为是周楚和慕容婉儿在恋爱，没想到他十足是只电灯泡。多少年后，周楚碰见舒适的女儿时，还会送几只鸭头给她，舒适的女儿才知道，原来她母亲居然有此嗜好。

待到 1942 年春，姚克自编自导了话剧《楚霸王》，由舒适和张伐扮演项羽 A、B 角，慕容婉儿和黄宗英扮演虞姬 A、B 角，在兰心大戏院公演。只见舒适扮演的楚霸王背靠激浪流云，拔剑独立于乌江之畔，显出一副叱咤风云、英雄末路的霸气又无奈之相，黄宗江扮演的范增上前叩别霸王，拄杖而去，李德伦大师在台下指挥小乐队当场演奏配乐，掌声由弱而强，渐趋沸腾。慕容婉儿的妹妹钱美丽就在观众席中，望着舞台上舒适顶天立地的高大形象、姐姐美丽婉约的古典装扮，心跳不已。中场休息时，钱美丽来到后台，第一次近距离见到舒适。她对舒适的第一感觉就是，这是一个靠得住的人。

演出结束，卸妆后的舒适和慕容婉儿，一个穿回普通的旧西装，一个穿上士林蓝的旗袍，外面再披一件黑色的绒线外套。慕容婉儿把头靠在舒适坚实的肩膀上，无比的幸福。钱美丽觉得，舒适和姐姐真正是郎才女貌、非常般配的一对。舒适和慕容婉儿此时就住在姚克、上官云珠夫妇的楼下，所以他们向钱美丽挥挥手告别后，就和同路的姚克一起走了。

慕容婉儿扮演的角色

慕容婉儿的妹妹钱美丽回到家里，把她见到的"姐夫"向家人如此这般地描绘了一番，因为她早已认可了高大英俊又爽直可靠的舒适，便在讲述中更添加了具有主观色彩的美言。于是，某一天，慕容婉儿把舒适带回家，面见母亲和其他姐妹。钱家接受的是西式教育，钱母也非常开通，从不干涉子女的恋爱婚姻，完全让他们自由选择、决定自己的终身大事。加上舒适彬彬有礼、风度翩翩，果然是一表人才，钱母对他印象很好，不禁对女儿的眼光大为赞许。于是，这一顿见面饭告罄，这门亲事就算定了。

又过了一些日子，舒适带着慕容婉儿回到"舒家弄"，简单办了几桌酒，就自己家里人聚在一起庆贺了一番，连亲家之间也没有聚首。也许因为形势不允许他们铺张排场，也许舒适和慕容婉儿都不喜欢太张扬。

接着，身处"孤岛"的舒适和慕容婉儿又一起演了《地老天荒》《风流世家》等片，《地老天荒》更是舒适自编自导自演的作品。这对佳偶情趣相投，幸福美满。

舒适和慕容婉儿完婚后，就住在霞飞坊（解放后改为淮海坊，淮海中路 927 弄）。22 岁的慕容婉儿怀上了女儿，要当妈妈了，一种难以形容的幸福感洋溢在她美丽的脸上。舒适效仿当年为他做婴儿服的父亲，也兴致勃勃地亲手为女儿缝制小棉袄。

小姑娘凤凰经常去串门，因为他和舒适大哥哥非常熟，与慕容婉儿大姐姐也曾经一起拍过一部电影《西厢记》，慕容婉儿演崔莺莺，凤凰反串她的弟弟欢郎，所

凤凰与慕容婉儿

以她也非常喜欢慕容婉儿，习惯叫她"婉儿姐"。慕容婉儿织绒线的水平很高超，送给凤凰一件自织的绒线衫，黑、红二色镶拼，翻领，中间还有个蝴蝶结，凤凰特别喜欢。她目睹了慕容婉儿十月怀胎、生下女儿艰难而幸福的过程，还去吃了满月酒。有时候，舒适家有贵客光临，就会把凤凰叫去露一手，弹几首钢琴曲，尽管技法尚显稚嫩，倒也增添了快乐的气氛。

有个和舒适、慕容婉儿同住淮海坊的《大众影讯》记者汪俊奉主编之命专门对舒适进行了别开生面的书面采访，写好提纲，由舒适书面回答。发表的文章中称舒适"昔时活跃剧坛上，今日红遍银国中"，可以和张翼、梅熹并称为"小生三鼎甲"。

舒适这时候开始豢养宠物，有两条大狼狗，好几只鸟笼，家里经常狗叫鸟鸣，好不热闹。演剧拍片之余，他又拾起唱戏的嗜好，偶尔粉墨登场，扮演《打渔杀家》里的萧恩，那可是周信芳演过的须生角色，颇有难度。

两年后，慕容婉儿又怀孕了。1944年12月21日那天晚上，"大中剧艺公司"在新光大戏院演出张爱玲根据自己的畅销小说《倾城之恋》改编的同名话剧，舒适扮演男主角范柳原，罗兰扮演女主角白流苏。当舒适和罗兰与台下的观众一样，正沉浸在范柳原和白流苏的爱情纠葛中时，"大中剧艺公司"的主持周剑云在后台接到一个十万火急的电话，是舒适的家人从医院打来的，告知慕容婉儿因出现早产迹象而被送进产房，情况非常危急，请舒适立刻赶去医院。周剑云怕演出中断会影响票房，有损公司声誉，便封锁消息，连中场休息时也不告诉舒适。直到演出结束，知情者发现舒适还在后台笃悠悠卸妆，便把慕容婉儿的事情告诉了他。

舒适、慕容婉儿和儿子

　　舒适立刻心急火燎地赶到医院，只见躺在病床上的慕容婉儿气若游丝，命悬一线，妹妹舒昌慧陪在旁边，不知如何是好。原来慕容婉儿已经生下儿子，但是产后大出血，由于直系亲属不到，未在手术单上签字，院方足足等了4小时，不敢擅自动手术，只是对她做了简单的止血处理。

　　可怜刚刚生下儿子的慕容婉儿四肢冰凉，奄奄一息。舒适不由火冒三丈，恨透了无异于谋财害命的周剑云，同时暗暗自责过于大意，明明知道妻子已怀胎九月，应该事先安排好一切。他当即命令医生立刻手术，尽一切可能挽救慕容婉儿的生命！

　　经过手术和两次紧急输血抢救，慕容婉儿终于疲乏地睁开了双眼，一见舒适，眼泪夺眶而出。舒适紧紧抓住妻子冰凉的手，凝视着她苍白的脸，千叮咛万嘱咐，务必先恢复健康，其他一切皆抛脑后。他悲愤难抑，从此离开"大中剧艺公司"。

第三章

香港秘史

因为拒绝主演吹捧"大东亚共荣"的电影，他忍痛离开电影界；因为拒绝接受进电影厂必须加入国民党的先决条件，他怒赴台湾当科长。他不可能放弃电影，去了远离战火的香港，开辟一片新天地。拍《清宫秘史》，他的表演技巧炉火纯青；组织读书会，他的爱国热情空前高涨，与同仁们在九龙的山顶上用人体拼搭五星红旗图案和"人民"二字，被列为"不受港督欢迎之人"驱逐出境，与其他九位一起回到祖国怀抱……

离开上海

太平洋战争爆发后，日本人吞并了十几家影片公司，于1942年4月建立了中华联合制片股份有限公司（简称"伪华影"），完全掌握了上海的电影拍摄生杀大权。他们采取控制胶片供给、严化审片制度、加强经济利诱等手段，企图逼迫富有正义感的爱国电影艺术家们就范。正是在这样的背景下，"伪华影"的老板看中了上海滩大明星舒适，要他在"中日合拍"、吹捧"大东亚共荣"的电影《春江遗恨》中担任主角。这是一个以太平天国举事为背景，描写一个日本武士帮助太平军作战的故事。"伪华影"的老板知道，舒适、刘琼等人不愿意拍为日本人唱赞歌的"汉奸电影"，便降低身价，百般哀求，提出给予丰厚的酬金——10根大金条，并且可以优先满足演员的档期需要，跳来跳去拍摄。可还是遭到舒适的严正拒绝。舒适和刘琼一样，心里自有底线，给再多的钱，也不能为了保住饭碗而拍这样的电影。再说，他所崇敬的梅兰芳先生不也是为了不给日本侵略者演戏而蓄须明志吗？！所以，舒适断然拒绝出演《春江遗恨》。后来，因为中国导演和演员都不愿拍这部电影，日本人只好自己干，最终由稻垣浩导演，东良之助、阪东妻三郎主演，于1944年11月完成。

可是，舒适也因"不识抬举"而再也不能继续在上海立足，便忍痛离开电影界，与慕容婉儿一起，游走于内地，在舞台上主演反封建、反恶势力的戏剧。而幼小的女儿只能暂由因抗战时期停发奖学金而辍学在家的慕容婉儿之妹钱美丽照顾。

好不容易等到抗战胜利，已达而立之年的舒适携慕容婉儿回到上海，回到了"舒家弄"。舒适是想继续拍电影的，可是国民政府建立的电影厂居然把加入国民党作为演戏的先决条件。他一怒之下去了台湾，在一家通运公司里当了六个月的科长。后经朋友劝导，又因拍戏需要，就去了香港，把两个孩子也一起带去了。因为儿子身体状况非常不好，曾被送到太仓乡下去了一年，回来后严重缺钙，像患了软骨病一样，额头上屡生疖子，靠输入奥斯丁钙，才慢慢好转。舒适和慕容婉儿万分心疼，决定再忙再累再困难也要亲自抚养儿女。其实慕容婉儿自己的身体状况也非常不好。因为生儿子的时候血崩，对身体造成极大损害（这不知与她后来罹患癌症有无内在联系），一直处于极其虚弱的状态，到香港之后继续调养了很长时间才渐渐恢复。

到了香港，舒适大展才华，大显身手，先后在大中华、永华、长城等影片公司任演员、导演，还担任香港电影工作者协会福利部部长、长城影业公司艺委会委员，相继在《长相思》《春之梦》《浮生六记》《清宫秘史》等影片中饰演主角。

舒适是个活跃分子，除了演戏、导戏，还积极参加爱国活动。他和刘琼等人想成立一个工会，可是香港当局不同意，只能采取变通的办法，搞"地下活动"。

那时候，舒适和慕容婉儿带着两个孩子住在茱梨雅道（Julia Avenue）的一套公寓里，站在三楼的阳台上可以看到后面隔着一条马路的九龙的山，导演白沉就住在那里。舒适的女儿当时只有7岁，在附近的香岛小学上学，英语考试成绩不理想，舒适和慕容婉儿就逼着她每天苦练，因为频频要用蘸水钢笔蘸墨水抄写、背默单词，小姑娘闻够了墨水味，但终于考出90多分的好成绩，全家欢乐。

慕容婉儿带着子女在台湾

慕容婉儿和子女在香港

舒适、慕容婉儿在香港茱梨雅道的住处　　　　　　　舒适的儿女在香港住处楼顶

　　舒适有一辆私车，经常担当接送朋友的任务。谁有困难，"福利部部长"就会非常热心地给予帮助。住在九龙尖沙咀加连威老道（Granville Road）的刘琼密友很少，也不太喜欢串门，却经常会在闲暇时带着夫人狄梵出现在舒适家，当然，也有几次是借交友之名商谈要事。有时候，舒适和慕容婉儿正为了一点琐事在争执，见刘琼和狄梵驾到，他们立刻化干戈为玉帛。舒适一旦发现附近有蚊子或其他会叮人的小虫，就会大呼小叫起来："婉儿！婉儿！"慕容婉儿知道，人高马大的舒适非常喜欢小动物，却极为害怕小害虫，就马上噔噔噔跑过来，替他把虫子赶走或者消灭。舒适这时候早把之前吵架的事忘到了九霄云外，慕容婉儿也是，于是他们就又和好如初了，盛情邀请刘琼和狄梵留下来用餐。每当这时，目睹这一切的刘琼和狄梵就会相视一笑，极为羡慕这一对神仙眷侣，也就不多客套，坐下来等待着品尝慕容婉儿的拿手好菜。舒适对于烹饪也很起劲，经常会自告奋勇："我来！我来！"积极主动地帮慕容婉儿做切配师傅。

舒适在香港是"福利部长"，经常用私车接送朋友

慕容婉儿带着儿女在香港住处，儿子调皮地从栏杆缝隙处探出脑袋

舒适和儿女一起下棋
（慕容婉儿摄于香港）

　　这时期的舒适其实很愉快，也很充实，创作上硕果累累，又演又导，感情上夫妻恩爱，生活上自给自足。两个孩子也健健康康地成长着，儿子极为顽皮，拍照片的时候会别出心裁地从围廊的石栏杆空隙里探出脑袋，让粗心的人一下子找不到他。空闲的时候，舒适就唱唱京戏，与两个孩子一起下下棋，乐在其中。

《清宫秘史》

　　舒适在香港的电影作品，要数朱石麟导演、他和周璇一起主演的黑白片《清宫秘史》最为精彩，影响也最大。但是，这部电影和后来的《红日》一样，既让舒适的名望更上层楼，大红大紫，也给他带来屈辱，是他灾难的开始，甚至影响了他的一生。

留洋归来的著名翻译家、剧作家姚克与上官云珠离婚后，移居香港，担任港大中文系主任、文学院长期间，根据自己的话剧作品《清宫怨》改编成电影剧本《清宫秘史》，1948 年，由香港永华影业公司搬上了银幕。主要角色除了舒适演的光绪，周璇演的珍妃，还有唐若青演的慈禧和洪波演的李莲英等等。本来舒适向朱石麟推荐一口标准国语的舒绣文来演慈禧太后，但唐若青虽然国语不如舒绣文标准，因朱石麟与她约定在先，也就作罢。

《清宫秘史》编剧姚克和鲁迅（1933 年 5 月 26 日）

　　《清宫怨》是姚克最满意的话剧作品，视为自己的代表作。这位被小报戏称为"鲁门十二金钗"之一的鲁迅先生密友、左翼文人，写过许多借古讽今的话剧剧本，除了《清宫怨》，还有《蝴蝶梦》《楚霸王》《美人计》《秦始皇》等等，舒适至少演过其中的两部。

　　改编后的电影与话剧《清宫怨》的情节脉络是一致的，没有大的变化，仍以戊戌变法为背景。

　　清德宗光绪十五年二月，北京皇宫体和殿里鼓乐齐鸣，香烟缭绕，正在隆重举行册封皇后的仪式。由于慈禧太后的摆布，光绪不能选钟爱的珍妃，而只能立素不相识的隆裕为皇后。翁同龢教习光绪学经解义，并灌输启蒙思想，使光绪萌发维新

《清宫秘史》剧照

变法之念，驳回了工务处秉承太后旨意动用海军经费建造颐和园的奏折。太后震怒，否定御批。珍妃支持光绪的维新变法思想，每天向"海军储金罐"内投入十块龙洋，以明心志。甲午战争战败后，光绪忧心如焚。被太后辞退回乡的翁同龢向光绪推荐康有为，辅佐他推行新政。戊戌年（1898 年），光绪裁撤一些无用衙门和昏庸老臣，太后则调荣禄任直隶总督，双方矛盾趋于激化。太后在宫廷内外布满心腹，以钳制光绪的行动，并密谋于九月初五挟持光绪去天津阅兵，企图废帝，将维新派一网打尽。光绪接连下了两道密谕，令康有为等从速应变，维新派首领连夜决策，密奏皇上。光绪随即密召袁世凯，委以重托，派他去天津刺杀荣禄，然后围执太后。不料袁世凯抵津后即向荣禄告密，与荣禄回师入京。太后重又垂帘听政，下令捉拿维新派首领。光绪被软禁于四面环水的瀛台，珍妃被关进北三所寿药屋。接着，八国联军入侵中国，大沽陷落，逼近天津，光绪焦灼不安。某晚，他设法凭一叶扁舟前往北三所探视珍妃。两人相对无言，执手而泣。珍妃劝勉皇上保重身体，来日再展鸿图。侵略军兵临京城，太后挟持光绪一起出逃，并且逼迫珍妃跳井自尽。马车徐徐西去，光绪潸然泪下……

从修改剧本到后期制作，花了七八个月。因为有了电影表现手法的优势，加上名导朱石麟的精心打造，《清宫秘史》除了比话剧《清宫怨》情节更加扣人心弦，人物塑造得也更加真实丰富，变法失败、光绪和珍妃之爱的悲剧氛围更加浓重和感人，在布景、服装等等方面更加注意细节，更加完美，应该称得上 1940 年代的古装大片。其实，在香港拍摄这样一部宫廷戏很有难度，因为不可能来大陆实地拍摄，就采取巧妙的办法解决难题，舒适开了眼界，从中学到不少窍门，运用到他后来导演的电影里。

美工师包天鸣非常聪明，擅长设计古装戏的布景，按照他的要求，搭建了所有的宫殿。最使人难忘的是藕香榭一场，剧情是光绪和珍妃要设法摆脱李莲英的监视把消息传给康有为，叫他立刻逃走。当拍到李莲英奉命把竹帘卷起时，只见水榭外白云在天上浮动，碧水在昆明湖中荡漾，那绵延的长廊、高耸于万寿山上的排云殿历历在目。观众还以为这是在北京颐和园拍的实景，绝对想不到这竟然是在香港摄影棚里拍的。

当时还没有专门的特技设计，包天鸣先用玻璃接顶的方法，按照图片把颐和园的长廊、排云殿等精确地放大画在一方大玻璃上，为了不透光，玻璃背面也用颜料涂实。其余未画到的地方则擦得晶莹透明，不留丝毫污垢。等到阳光灿烂、蓝天白云的日子，把玻璃运到海边，用架子支好。玻璃上画好的景与透过玻璃看到的真的云真的水合在一起，非常奇妙而真实。然后，选择适当的角度，利用阳光把它拍下来。这样，这条资料片上既有颐和园的建筑，又有天上的行云和湖中的流水。

布景藕香榭的窗口外面，原是摄影棚的大门。到了晚上，把大门敞开，挂上一幅巨大无拼缝的透明塑料银幕。在距离大门几十米的地方，安置一台光源极强的放映机，把拍好的资料片放映到透明银幕上。摄影师在"藕香榭"里用摄影机对着塑料银幕同步拍戏。窗上的竹帘先是垂落的，等戏演到帘子卷起时，"窗外"就出现了栩栩如生的颐和园景致。一般远景都是画在摄影棚的天片上固定不动的，而这个镜头中的景色却是有动感的，云在走水在流，十二分的乱真，连永华影业公司的一些内行也不禁叹为观止。这套装置名叫"背景放映系统"，是永华公司从美国进口的，属于远东唯一。

《清宫秘史》广告

舒适再演光绪，演技无疑又上了一个台阶，和合作过无数次的拍档周璇再演情侣，已不是"默契"二字可论。但是，相对而言，舒适演"硬戏"比演与珍妃缠绵的"软戏"更自如：骂慈禧的使唤太监小德张，宣布向日本开战，命令袁世凯刺杀荣禄带兵进京，包括举事失败面对慈禧的嘲讽威逼时，都颇有英雄气概，一扫在慈禧跟前大部分时间的软弱唯诺，这一切都被舒适表演得非常到位。周璇对珍妃这个角色情有独钟，所以非常敬业，暑天里穿着一身厚重的清朝贵妃装，完成一个镜头常常需要忍受几小时的闷热，还要被演太后的唐若青打耳光，一连三次，被打得泪如雨下，倒也正符合剧情。用周璇的话说是："我拍《清宫秘史》，流的眼泪存起来可以洗脸呢！"

1948 年 11 月，《清宫秘史》在香港皇后大道上只放映西片的娱乐戏院公映，媒体、圈内人都对舒适和周璇竖大拇指，说他们的表演技巧已达炉火纯青之境。导演朱石麟对舒适和周璇的表演评价很高，赞扬舒适把帝王气概演出来了，而且一点不做作；赞美周璇是"目前香港影坛工作态度最好的女明星"。之后该片输入大陆，曾在上海连映三个月，盛况空前。

大显身手

在香港的这几年，舒适除了当演员，组织能力、编导才华更是得到了充分的发挥。当年从影的第三部电影就是他自编自导的，后来又持续导演了多部电影，如1941 年编导的《地老天荒》，1943 年导演的《母亲》和《秋之歌》。拍《秋之歌》他挑选了小兄弟顾也鲁与 15 岁的陈娟娟分别饰演男女主角。顾也鲁在一张剧照上幽默地写道："大学生爱上中学生。"这是童星出身的陈娟娟第一次演爱情戏，十分腼腆。舒适耐心说服，并作示范表演，她才勉为其难地入了戏。也就是说，是舒适

舒适导演的《秋之歌》，顾也鲁（饰梁自濂）、陈娟娟主演

让她彻底摘掉了童星帽子，成功转型为女明星。所以在香港的时候舒适要陈娟娟加入读书会，她绝无二话。1944年，舒适又编导了《苦儿天堂》。

40年代末、50年代初的时候，舒适导演作品的机会越来越多，艺术上也越来越成熟。可能舒适比较偏爱悲壮的人物、悲壮的氛围，所以他驾驭这一类的作品特别拿手，也成了他的宿命。

1948年夏天，香港永华影业公司买下沈寂《红森林》《盐场》两部长篇小说的电影改编版权，沈寂便携新婚妻子朱明哲也来到英国政府控制的香港，担任永华公司的电影编剧。永华公司请舒适来拍根据沈寂赖以成名的中篇小说《盐场》改编的电影《怒潮》。舒适一看剧本，觉得是香港少有的一部批判现实主义作品，便欣然从命。

初到舒适家的沈寂，见到慕容婉儿立刻记起她在影片《孔夫子》里扮演的卫灵公夫人南子。豪爽的舒适知道他初来乍到，在香港人生地不熟，创作、生活均有诸多不便，就主动向他约稿，希望他尽快写出新的电影剧本。沈寂是快手，五天之后就拿出一个反映中国农村买卖婚姻的电影剧本《狂风之夜》，舒适立刻推荐给长城影片公司的岳枫导演。沈寂感激涕零，舒适则又多了一个哥们。

舒适沉下心来导演并主演《怒潮》，又选了徐立、章逸云、尤光照、王斑等几位共同担纲。

《怒潮》的主要人物是制盐为生的三个浙东盐民：宋老爹、根牛和跛子，他们受贪官丁师爷和盐警白队长的欺压，最终家破人亡。他们的悲惨遭遇引起当地骚乱，十几家盐民激愤而起杀死恶人，可最终还是难逃厄运，全部被屠杀身亡……很明显，这部揭露社会黑暗的电影，旨在鼓舞穷人揭竿而起，反抗黑暗势力，但仅仅靠自发的斗争还远远不够，必须有革命政党的领导，拥有自己的武装力量，才能取得胜利。当然，在香港当时的社会语境下，这层意思只可意会不可言传，只能以悲壮的结尾来唤醒人们的觉悟，但这样的处理反而提高了艺术性。无论如何，香港出现这样的电影，与大陆的左翼电影一脉相承，产生了呼应和对接。舒适再次尝到了当导演的甜头。遗憾的是，《怒潮》审查未获通过，因为主题太革命了。舒适倒不把这事放在心上，沈寂有点戚戚然，舒适便拍拍他的肩，关照他今后"啥人可以接近，啥人不可以，要当心"，等等。

50年代初，舒适再续导演缘，准备拍三部短片，合成一个集锦。他又找到沈寂，问有没有新的作品。沈寂说，正好刚完成一个短篇小说《红灯笼》。舒适听沈寂讲了小说的故事后，不由大叫一声"好"，便拖着沈寂赶到刘琼家，与白沉、齐闻韶、狄梵等一起讨论。沈寂做梦也想不到，自己这个描写巫婆的题材居然获得一致通过，很欣慰。原来，舒适他们已经有了两个短片剧本，加上沈寂这个，正好合成《神·鬼·人》。

沈寂根据自己的短篇小说《红灯笼》改编的这个短片叫《神》，由顾而已导演，孙景路、陶金等主演，描述一个因丈夫生前拖欠恶霸钱财而被迫成为恶霸巫医的寡妇，取名"余半仙"，装神弄鬼，坑害了许多孩子，结果当她的独子病危时，恶霸也不许她请医诊治，导致儿子夭折。痛定思痛，她砸毁神像，焚尽神龛，使装神骗钱的真相大白于天下。

第二部《鬼》由马国亮编剧，白沉导演，讲述一名洗衣工沉湎于赌博，辞去工作，债台高筑，只能以女儿抵债，押给人口贩子。为了救出女儿，他竟然拦路抢劫好友之妻的钱物，致使好友对妻子产生误解。赌鬼羞愧万分之下，把抢得的钱还给好友之妻，而好友得知内情后见义勇为，替赌鬼赎回女儿。赌鬼幡然悔悟，重新干起了洗衣老本行。

第三部《人》则是舒适和慕容婉儿夫妻合作的成果。慕容婉儿因为生儿子的时候大出血，严重损害了身体，平时以调养为主，一般不参加摄制组拍戏，但她创作了《人》的剧本，由舒适导演，韩非、陈娟娟等主演，叙述的是某公司会计和妻子婚后的生活。妻子丽芬温柔贤淑，白天忙于家务，晚上帮丈夫宗辉誊抄账目。丽芬的母亲生活困难，宗辉却反对她出手接济，自己则大肆挥霍。丽芬只得省下开销，并悄悄以宗辉的名义寄给母亲，不料被宗辉察觉，夫妻失和，丽芬一气之下离家出走，自谋生路。宗辉只好担起全部家务，导致上班经常迟到，工作连连失误，被经理辞退。不久孩子得病，丽芬闻之不时回家看护，并全力资助丈夫宗辉。接着，宗辉的父亲病重，碍于面子又不愿动用丽芬的钱，丽芬则主动寄钱给宗辉父亲。于是，宗辉大为感动，承认错误，复职工作，夫妻和好，感情更胜之前。

《神·鬼·人》三个片段都是通过生活琐事达到教育人们、劝人为善的目的，轻松一笑之余，仔细想想居然颇有深意。而舒适与慕容婉儿一起创作的短片，似乎更接近现实中普通人的生活，其中夫妇恩爱的种种细节，也能映照出他们自己，生活中的慕容婉儿就是这样一位贤妻良母，所以她能把这个人物写得入木三分，舒适导戏时也心照不宣，自觉不自觉地将妻子作为模特。

正义之举

舒适在香港除了活跃于演艺圈，同时也悄悄做一些地下工作。

新中国诞生在即，为了配合和迎接全国解放，攻取蒋军最后一道长江防线，避免不必要的牺牲，在共产党地下组织的领导和安排下，上海的进步文化艺术工作者大部分先后撤离，转移到了香港。于是，亟需在香港成立一个能够容纳这些文化精

舒适（前排左一）等人在香港自组"五十年代影业公司"

英的机构，这就是于1949年新中国诞生之前成立的"五十年代影业公司"，而舒适直接参与了组建工作。

五十年代影业公司拍摄的第一部电影《火凤凰》就是王为一导演，舒适和刘琼、李丽华联袂主演的，海报上宣传说这是一个"火辣辣的爱情故事"。五十年代影业公司采取"打分模式"：拍一部戏，编剧5分、导演10分、演员7分8分，发行放映收回成本后，根据分数分成。

五十年代影业公司创办之后，舒适又和刘琼等人一起，发起组织了一个"影人读书会"，其中有不少成员还是"中国民主同盟"（简称"民盟"）的成员，其实就是共产党的外围组织，甚至有不少共产党员"潜伏"在里面。

舒适乐此不疲，因为他深深体会到大家抱成团的好处。40年代中期在上海的时候，舒适等人就曾"不合时宜"地想成立影人工会，结果衍生出"11兄弟义结金兰"的佳话。舒适的义弟顾也鲁曾在自传《上海滩从影记》中道出了这件事情的来龙去脉：

中国旅行剧团（简称"中旅"）的著名话剧演员仇铨演技精湛，颇受观众欢迎，居然因无钱医治心脏病而不幸去世。影剧界大为震惊，1944年10月，"中旅"演员石挥、冷山振臂一呼，朋友们四方响应，积极参加话剧《日出》的义演，为仇铨筹集丧葬费用。为了多筹善款，《日出》的阵容史无前例的强大，费穆、朱端钧、吴仞之、黄佐临四位著名导演依次执导四幕戏，主要角色则由曾演过此剧的著名演员分别担当：唐若青、黄宗英、丹尼饰演陈白露，舒适、穆宏、唐槐秋饰演潘月亭，黄河、张伐、冷山、徐立饰演方达生，乔奇、陈述、白沉饰演张乔治，吕玉堃、吴景平、韩非、胡小峰饰演胡四，姜明、丁力、石挥、谭光友饰演福生，蒙纳、林榛饰演顾八奶奶，大家轮流出场。当时在兰心大戏院演出，票价 2 元，共演了 4 场，轰动上海滩。所得票款给仇铨置了寿衣、棺木，买了墓地，余款供患肺病的演员治疗。经此之后，舒适、顾也鲁、严化、吕玉堃等几位血气方刚的汉子深感剧影界应该有一个能为同仁们伸张正义、解决困难的工会，便向同行游说，打算成立这样一个组织，不料谨慎之人提醒说，日本人正在密切注意他们的行动，组织工会恐有危险。于是，舒适等几位挑头的考虑，不能成立工会，作为结义兄弟总可以吧？以此名义团结起来，互相帮助提携，同舟共济，也能与当时独霸影界的"伪华影"抗衡。经过串联，有的积极响应，有的则怕招惹是非而持观望态度，最后聚拢了 11 位兄弟，按照年龄排位：老大徐莘园、老二高占非、老三姜明、老四戴衍万、老五许良、老六舒适、老七顾也鲁、老八徐立、老九严化、老十黄河、老幺吕玉堃。别看吕玉堃是其中最小的，外交事宜通常由他出面，其他具体事宜则由舒适负责。

就在舒适四处奔波忙碌的时候，父亲于 1949 年 2 月退休了，说要到香港来和舒适一家同住。舒适满心欢喜，安排好一切，连麻将台都准备好了，因为这是父亲的所好。不料，父亲突发心肌梗塞，在福州故世。舒适接此噩耗电报，顿觉天塌地陷，脑子里一片空白，忘了自己身在何处。他立即赶去福州奔丧，再把父亲的灵柩

11 兄弟义结金兰（后排左起：老大徐莘园、老二高占非、老三姜明、老四戴衍万、老五许良、老六舒适，前排左起：老七顾也鲁、老八徐立、老九严化、老十黄河、老幺吕玉堃）

运到上海。梅兰芳正好也在上海，闻讯即刻赶到舒家，安慰舒适母亲，更为失去一位老友而唏嘘不已。

舒适办完父亲的丧事，回到香港，忍着悲痛，很快恢复之前的工作状态。

在香港的马路上，他开着车，载着刘琼、司马文森、洪遒一边到处转圈子，一边商量扩大读书会阵容的事宜。最后商定，分成九个小组，几个中坚分子各负责其一。舒适负责住在附近的一组，组员有慕容婉儿、岑范、胡小峰、金沙、白沉、任意之等人；住在万邦酒店的刘琼负责一组，组员有狄梵、韩非、李浣青及居于周围的李丽华、王丹凤、龚秋霞、罗兰、陆蔚芳、雷维音等人；"大光明"的顾而已、顾也鲁、钱千里、郑敏、黄宛苏、时汉威等为一组；"永华"的陶金、李萍倩、蒋伟、余省三、余玲、陈静波等为一组；"南国"的戴耘、章泯、冯喆、斯蒙、蒋锐、王辛、兰谷、巴鸿、李露玲等又是一组……

由于时局动荡，香港当局明文规定，不准公开集会，所以读书会一般选择僻静的地方秘密活动。舒适和刘琼他们经常以生日宴会、朋友聚餐、结伴旅游等名义，大家一起共商时局、探讨政治。舒适因为有车就更方便，他常常带着他的那个小组，在九龙的青山道上，找一个罕见人迹的清净之处，先各自分散，看一会儿《社会发展史》《共同纲领》《新民主主义论》等著作和重要文章，再集中起来，对祖国当前的形势各抒己见。

不久，在读书会的基础上又成立了"中华全国文艺协会香港分会"，并派生出"香港电影工作者学会"（简称"影学"），其意义等同于香港电影工会。于是，香港进步电影的创作和批评工作也顺理成章轰轰烈烈地开展起来，声势浩大。从大陆去的这批思想进步的爱国电影人，无疑给充满武侠、情爱内容，商业气息浓厚的香港电影，带来一股春风和生命力，改变了香港电影原先的气质和格局。

1950 年 1 月，司马文森、洪遒、齐闻韶等带领"回穗劳军团"和香港电影工作者学会赶排了七台短剧：《红军回来了》《起义前后》《胜利公债》《精神不死》《垃圾的闹剧》《香港屋檐下》和《旗》。他们带着这七台戏，来到刚刚解放的广州慰问解放军，受到叶剑英将军的接见。在街头演出时，军民们不断地喝彩叫好，令舒适深深感染到新中国的新气象。一线之隔，广东和香港气氛全然不同，再不必像在香港那样，排演革命戏要躲躲闪闪。

排练《旗》这台节目时更是令人振奋。这个短剧写的是太平山下国华女中师生为了悬挂五星红旗与国民党女党棍校长及其勾结的恶势力作斗争，最终取得胜利的故事。因为需要比较大的场合才能展现"旗"的魅力，但又不能在市中心，当时新中国还未与英国建交，而属于英国统治下的香港政府不允许升起新中国的五星红旗。于是，舒适和慕容婉儿找到了九龙的扯旗山山顶。那一天，他们一行人来到这

舒适、慕容婉儿、顾也鲁等人在香港山上用身体拼成"五星红旗"图案和"人民"字样

个青山绿水僻静之处，齐闻韶见四周并无游客，突然灵机一动，提议大家平躺在山坡上，用身体拼合出"五星红旗"的图案和"人民"二字，以此表达对新生的中华人民共和国的无比向往和崇敬。大家一听，齐声赞同，立刻施行。只见舒适带头，"啪"一下就倒在地上，慕容婉儿、齐闻韶、白沉、岑范、顾也鲁、李清、任意之、罗兰、海涛、陈琦、岳枫、徐立、陈风、胡小峰、金沙等人纷纷响应，或仰天而躺，遥望蓝天白云，或俯地而卧，亲闻绿草的芬芳。不一会儿，一幅具有划时代意义、震撼人心的行为艺术作品诞生了！这时候，不知是谁小声哼起《义勇军进行曲》——"起来，不愿做奴隶的人们……"渐渐地，在众人唱和之下，歌声越来越响亮、越来越激昂，久久回荡在山顶。蒋伟不失时机地将这一幕定格在胶片上，永远留下了珍贵的历史瞬间。

岑范告诉舒适，著名京剧艺人马连良因抽大烟债台高筑，更因参加过"满洲国"的"国庆"演出而觉得没脸回红色大陆，正感到前途渺茫，想去台湾献艺谋生，甚至动过一死了之的念头。舒适一听，非常着急，他与马连良交情深厚，曾两次与他同台演出《法门寺》，很想劝动马连良回大陆。舒适与洪遒商量后，就让岑范对马连良说："大陆方面有位章先生想见你。""章先生"就是洪遒，他当时其实是不公开的共产党员。

舒适和洪遒与李丽华商量好，借她的九龙堂小洋楼一用。1951年8月的一个晚上，岑范陪着马连良及其琴师来到了，一番叙旧后，舒适和岑范回避，由洪遒代表组织直接与马连良等密谈，加上马连良女儿和梅兰芳等人的劝说，终于使马先生打消顾虑，决定回归祖国大陆，并决心戒掉抽大烟的恶习。

几天后，舒适做东，在香港著名的"北来顺"请洪遒、岑范、白沉、马先生及其琴师一聚，算是庆贺此事达成默契。1951年10月1日，马连良与琴师在参加一

艺高德劭百岁公 艺术传评

次活动时借故悄悄离场，直奔火车站。得知消息后，舒适很高兴——又为新中国争来一位艺术大师。

舒适等人的进步活动越来越频繁、尺度越来越大，引起香港当局的注意。有几次，舒适正在煤油灯下写剧本或看书，忽然发现窗上映出一个人影，赶紧把灯吹灭，那人影就倏地不见了。

原来，英国中央情报局的史密斯早就想把这批大陆过去的"危险分子"赶出香港，但苦于找不到舒适他们"反政府"的证据。后来，扯旗山山顶人形拼搭五星红旗一事不知怎么被曝光了，香港当局终于有了动手的理由。

有一天深夜，舒适他们在刘琼的根据地万邦酒店聚会后，夜已深，便借宿一晚。大家正在各自的房间里歇息，突然走廊上传来一阵沉重而又杂乱的脚步声，是那种皮靴踩在地板上的声音，舒适、刘琼、狄梵他们立刻意识到不妙，可是已经来不及转移，只能束手就擒。慕容婉儿因为此前已经带着儿女与韩非的太太李浣清一起离开香港，回到内地，所以逃过此劫。

经过调查取证，"罪证确凿"，舒适等被列为"不受港督欢迎之人"，司马文森甚至还遭到严厉的体罚。狄梵的女儿刚出生五个月，提出"我有小孩，要吃奶粉的，必须回去拿"。港警就先把刘琼赶到罗湖，允许他在一个小房子里等狄梵两个小时，派"差佬"监视着。

香港当局允许舒适有两个选择，去台湾或者回内地。去台湾有船，可以正常出港，回内地只能钻篱笆。舒适完全可以去台湾，因为他有几个姐妹在那里，生活不会没有着落，可他不假思索就做出了选择：和大家一起回内地！因为那面鲜艳的五星红旗正在召唤着他们，他们早已听到了中华人民共和国开国大典令人振奋的隆隆礼炮声。

1952 年 1 月 10 日晚上，舒适和司马文森、刘琼、杨华、马国亮、齐闻韶、沈寂、狄梵八人被香港武装警察押上了囚车。他们什么也没带，也没有行李了，因为连被子都被港警怀疑里面藏着"赤色"书籍而剪破，而且也不允许他们离开半步。到了边境处，他们被押解着、监视着从一个篱笆洞里钻了回来，当双脚站在沙头角中英街上时，立刻有了回家的自由之感。

两天后，白沉和蒋伟也被驱逐出港，与舒适他们会合，十人聚齐了。

新中国为他们被港督驱逐一事专门发表声明，舒适等十人激动万分。在广州逗留的那三个月里，住在仁济堂的教会房子里，没有工资，每人要交 16 元伙食费，却被厨师贪污。"福利部长"舒适气愤之极，但也无可奈何。

不管怎样，毕竟回到了内地，舒适穿着人民政府发给的蓝色人民装，觉得这是世界上最漂亮、最神气、最珍贵的衣服，他感到从来没有过的心旷神怡。并不擅长

1952年被香港当局驱逐出境的（后排右起）舒适、杨华、马国亮、刘琼、蒋伟，（前排右起）齐闻韶、沈寂、白沉、狄梵

写喜剧的舒适，在广州逗留期间居然创作出一个喜剧剧本，想想在兴高采烈的情绪之下，这也很自然。

京剧段子一个又一个从舒适心底喷涌而出，尤其是《四郎探母》中的《会弟》一段，是绝不会不唱的——一封战表到都京，宋王爷御驾亲自征。萧天佐摆下了无名大阵，满朝文武解不明。本帅帐中修书信，天波府搬来了老娘杂。我命宗保去巡营，中途路上遇仙人。拾来天书三卷整，才知番邦阵有名。将身且坐宝帐上，众将到齐破天门。

舒适和刘琼一起通过广州电台呼喊："香港，我们还要回来的！"果然，四十几年后，香港回到了祖国的怀抱，他们的愿望真的实现了，不少人怀着凯旋的兴奋踏上香港的土地。舒适的义弟顾也鲁也在紫荆花旗下留影，为六哥舒适和刘琼的遂愿而欢呼雀跃！

第四章

脱胎换骨

从香港回来后，一切都出乎意料之外。叫好又叫座的古装大片《清宫秘史》成为宣传卖国主义的"大毒草"；歌颂为科学献身的知识分子之间友情的《情长谊深》成为美化资产阶级知识分子、为右派翻案的坏电影。他几乎拍一部电影被批一部。原本的爱国反帝战士有的成为右派，有的被怀疑为特务，都要经历一次灵魂深处的革命。他自觉转变立场、脱胎换骨、改造思想，努力为工农兵服务。他早已不是三四十年代的剧影小生，更不是香港电影里的"皇上"，而是新中国银幕上的一名小兵，乐于助人、豪爽仗义却遭陷害的"林冲"。

自觉改造

1950年，在香港叫好又叫座的古装大片《清宫秘史》再次传入内地，在北京、上海等地陆续上映，又引起轰动，票房继续大火，《人民日报》甚至发表影评，肯定电影的进步意义。之后《清宫秘史》又送去美国、日本公映，并参加瑞士罗卡洛影展，被评为当年"最重要的一部影片"。舒适当时还在香港，大陆观众就已熟悉他，并称他"皇上"了。

江青调看《清宫秘史》之后，没发现有什么问题，就把这部影片推荐给毛泽东。某日凌晨，毛泽东等中央领导人在中南海春藕斋审看了《清宫秘史》。不幸的是，毛泽东看后认为这是一部宣传卖国主义，用地主资产阶级唯心主义历史观观察问题的"毒草"电影，应该批判。

于是，在江青的提议下，中国电影事业指导委员会召开了一次会议，中宣部和文化界的领导人陆定一、周扬、胡乔木都参加了。本来，与会者以为这次会议是从艺术的角度评论《清宫秘史》，没想到，是要组织文章批判《清宫秘史》。因为大家心中有不同意见，执行时就不太积极，所以最初的批判声势未能形成。可是，一场"文艺整风、思想改造"运动接踵而来，电影《武训传》的遭遇更不妙，被作为"反动电影"于1951年受到全国范围的批判。

慕容婉儿这时候刚回大陆，原本想顺理成章地进入上影演员剧团，继续从事表演工作，却因"女演员过多"而不能如愿，便在上海剧影协会工作了一段时间后带着儿子去了中南军区部队艺术剧院当演员。女儿因为要上小学，就留在上海，住在杨树浦的阿姨钱美丽家。等知道从香港回来的舒适已经进了金焰任团长的上影演员剧团，慕容婉儿便带着儿子再次回到上海。舒适和慕容婉儿一起到杨树浦去看女儿，不料女儿生了场大病，只觉眼前模模糊糊的，像灵魂出窍一般。她感觉到被送进了医院，能够意识到医生正在抢救自己。痊愈后，舒适和慕容婉儿把她从医院接回，住到西摩路（今武定路、陕西北路）外婆家。不久，可能考虑到便于体育运动，舒适又租了淮海中路上（今"巴黎春天"之处）的"回力公寓"，回力球场（卢湾区体育场前身）就在附近。公寓虽小，里面的设施很特别，床固定在墙上，不用时可以收缩起来靠壁，要用时再拉出来，很节约地方。房子当中有道移门，可分可合。一家人终于得到团圆，可总觉得空间逼仄了些。

后来，舒适的家又搬到了南昌大楼，比原来的房子宽敞许多，心境也似乎敞亮许多。

经过几番周折，慕容婉儿去了上影翻译片组（上海电影译制厂的前身），而且不是担任配音。从此，银幕上再也看不到这张美丽的脸，也听不到她的声音了，病中的周璇曾为之抱不平，并深深惋惜。慕容婉儿倒并无悲悲切切，她在这方面与舒适颇有相似之处，性格中也有豪爽的一面。凭着解放前读过教会学校和在香港生活这些年的英文底子，慕容婉儿在陈叙一的领导下，和肖章、朱微明（第五代导演彭小莲的母亲）、陈涓等人一起，热火朝天地干起了将外文剧本翻译成中文的工作。为了进一步提高英语水平，慕容婉儿向一名外国朋友学习。和舒适一样，慕容婉儿也是工作极其认真的人，下班以后，还在家继续翻译剧本，削好一堆铅笔，然后写了改，改了写。那个外国老师每周来他们家一次，检查慕容婉儿译好的剧本，挑毛病。然后再改。

因为慕容婉儿本是演员，又写过剧本，所以对她来说，做剧本翻译这项工作很合适。据上海电影译制厂的同行说，慕容婉儿翻译的剧本比较符合配音的要求，台词翻译做到了准确而口语化。《世界的心》《两亩地》《没有留下地址》《旧恨新仇》《鬼魂西行》《仲夏夜之梦》《勇敢的胡安娜》《抗暴记》等30多部英译中剧本就出自她手。

整风、改造在继续。1950年代中期，俞平伯的《红楼梦研究》和胡适的"反动思想"又在全国范围内遭到批判。后来,毛泽东在"关于《红楼梦研究》批判"的一封信中又一次提到:《清宫秘史》五年来没有批评,如果不批评就是欠了这笔债。《清宫秘史》实际上是拥护帝国主义的卖国主义的影片⋯⋯

因为这封信当时没有发表,所以只是小范围的人知情,但是,文化界、电影界的领导和创作人员已经感到了巨大的压力,包括刚刚从香港回归的舒适等人。电影界人人检讨,被香港当局驱逐的舒适等人,对眼前发生的一切毫无心理准备。这些原本光荣的"反帝战士",这时候却正在经历一次灵魂深处的革命,不得不深刻检讨,狠狠批判自己过去所拍的电影,表示一定要痛改前非、转变立场、脱胎换骨、改造思想,才能为新中国的工农兵服务。

不知是故意为之,还是舒适本来就穿着随意:戴一顶大草帽,无领的白汗衫,一条白毛巾搭在脖子上。人家以为他是骑三轮车的,问:"徐家汇去吗?"他说去的。人家问:"你的车呢?"他说:"我又没车,你说徐家汇去吗,我以为你有车,跟你去呀!"非常奇怪,那人居然没认出大名鼎鼎的"光绪皇帝",可见舒适已经彻底颠覆了自己原来的形象。

一段日子以来,上影厂天天开会,开展批评与自我批评,或曰批判与自我批判,尽量把问题朝严重里挖,以示表现好、觉悟高。即便在如此氛围中,对《清宫秘史》的批判还是掀不起高潮、形不成规模,可能那些原本也是艺术家的文化领导内心自有一杆秤,本能地感到《清宫秘史》是部好电影。

在这个特殊时期,文艺界人士都非常自觉地进行思想改造,由内而外自动向工农兵靠拢,舒适和慕容婉儿都主动降薪。慕容婉儿提出把自己的薪水从 200 元减到 160 元,可是她与生俱来的小资气质仍然会下意识地表现出来。当时,她喜欢穿一件灰色的列宁装,尽管已经洗得发白,但还是能勾勒出她的窈窕身材。

脱胎换骨

舒适在这一时期其实是不被重用的,很少演主角。1954 年,他"幸运"地得到了石挥导演的电影《鸡毛信》里一个民兵队长海娃爹的角色,一个很小的配角,在整部电影里没有多少镜头,就是开始时把游击队一封插上鸡毛表示紧急的信交给儿童团团长海娃,为了躲过日本鬼子的检查,成功送到八路军手里,关照儿子把信藏在头羊尾巴里。就这点戏,但舒适异常用功,在北京郊区外景地与民兵同吃同住,竭尽全力向这个他从没演过的角色靠拢——头扎毛巾,身穿中式破旧短打,腰里别着盒子炮——全然没有了"国华小生"的味道。而且,这部戏拍完后,舒适与房东——一个普通农民成了好友,每到北京总要把他约出来,找个馆子小酌几杯,畅

《鸡毛信》剧照

多年后，舒适与《鸡毛信》中民兵连长
原型薛成金合影

叙友情，甚至几十年之后依然保持着联系。

据说"海娃爹"这个角色原本是刘琼的。刘琼表示先看看剧本再决定，一看是个小配角，不演，一定要做主角。叫他当导演，他也不当，说："我是演员，叫我做导演，为啥？"其实刘琼知道，这是领导跟他过不去，不让他在银幕上露面，或者不能太露脸，似乎认为他政治上有问题……所以他就是不顺某些领导的意，倒不是真的不愿意演配角。问他被香港遣返待在罗湖的那两个小时里，和"差佬"讲些什么？怀疑他是特务。狄梵气坏了，质问对方："我们要做特务，在香港就做了，为啥要等到这两个小时里？"舒适知道后就劝刘琼："老刘啊，算了，没啥好说的，还是演我们的戏吧！"

相对而言，舒适算是运道好的，他也不计较主角还是配角，能有戏演就上，而且一如既往地认真。在摄制组驻扎的招待所，他经常熬夜做案头工作，即便是海娃他爹这样的打酱油角色。某日午夜两三点钟的时候，他习惯性地拿起桌上的香烟，可是烟壳空了，只好去敲隔壁好友的门。"谁啊？""我，阿舒啊！"朋友开了门，知道他断烟了，就把自己抽剩的半包给了他。回房后，舒适越想越不是滋味，怎么可以深更半夜去打搅人家呢？这的确不是舒适的作风，便起了戒烟的念头。回到上海后，顾也鲁逗他，和他打赌，"你能戒烟？我不相信。谁输了请一桌！"只见舒适把烟狠狠地在烟缸里揿灭，以后真的再也不抽烟，碰也不碰。顾也鲁就此输了一顿饭。

《鸡毛信》获得了文化部1949—1955年优秀故事片三等奖和英国第九届爱丁堡国际电影节优胜奖，石挥终于走出自导自演《关连长》被批判的阴影，舒适则感到很光荣，因为这是他在银幕上塑造的第一个工农兵形象。

接下来，舒适看上去很光鲜，几乎每年一部电影，《三年》《斩断魔爪》《宋景诗》《为了和平》《李时珍》等等，却都是配角，但他不在乎。而具有讽刺意味的是，本来是要演工农兵的，结果比较重要的还是《宋景诗》和《李时珍》两部古装电影。

在为批判《武训传》而到山东"调研"的过程中，江青发现了曾率"黑旗军"造反的宋景诗的资料。于是，为了用农民革命的事例来批判"向封建势力下跪"的武训，大师级导演郑君里受命执导陈白尘编剧的《宋景诗》。

令郑君里痛苦的是，据真实史料记载，宋景诗最终是投降清廷的，但为了政治需要，必须把他塑造成一位坚定的革命者。万般无奈之下，只好把他的被招安处理为韬晦之策。但郑君里不愿意按照江青的意图，把武训这个人物也塞到《宋景诗》

舒适（左）与崔嵬在《宋景诗》中

里，并且仍请赵丹来扮演，那无异于让赵丹自打耳光，太残酷了，于心不忍。编剧陈白尘也认为，无法把武训这个人物硬编进情节当中，江青便退一步，要赵丹来演宋景诗。郑君里考虑，这样对赵丹也不好，便以赵丹与角色"宋景诗""性格不符"为由否决了。时任电影局副局长的崔嵬便自告奋勇来扮演宋景诗，而舒适只是演了个与宋景诗联合的太平天国遵王赖文光，印在海报上的主要演员名单中根本见不到他的名字。由于宋景诗投降清廷是客观事实，这部影片短暂上映后即被入库封存。

《李时珍》稍微好一点，舒适的名字排在了第二位，扮演李时珍的父亲李月池一角，但戏都在李时珍身上。舒适本是个散淡的人，倒也释然。

舒适（左）和赵丹在《李时珍》中演父子

值得一提的是《为了和平》，舒适在片中演了一个反派，而且还是戴着金丝边眼镜的外国牧师。舒适本有八分之一洋人血统，有眼凹鼻挺的基础，加以化妆后很像洋人。但是，在艺术总结的时候，有人批评他扮演的反面角色不够狠毒，有美化之嫌，而在其他电影中扮演的工农兵也不像，说明思想还没有改造好，总之一无是处。

其实，这正是舒适的表演特点，他虽然酷爱京剧，却不会用脸谱化的方式塑造电影里的角色。于是，在接受批评时，他的态度相当诚恳，真的认为自己是一心钻研业务，忽略了思想改造。但是等到扮演角色的时候，他还是会本能地按照人物的性格和行为逻辑去做，客观上造成"虚心接受屡教不改"的结果，也为后来1960年代他能塑造出张灵甫那样的反派"光辉形象"埋下伏笔。

"金嗓子"周璇在这时候翻完了人生的最后一页。1957年7月14日，住在华山路上枕流公寓的周璇久病初愈，看了郑君里夫人黄晨和"东方第一老太太"吴茵送去的报刊资料后，得知上海电影制片厂主办的一本电影杂志《上影画报》即将创

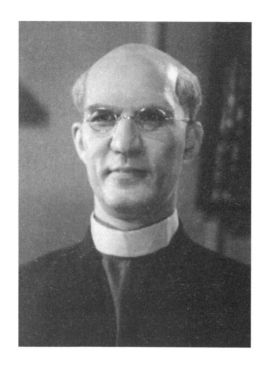

舒适在《为了和平》中扮演外国神父

刊，便欣然题词："亲爱的《上影画报》的读者们：我已经快好了，我很快就要跟观众们在银幕上见面了，谢谢观众们对我的关怀。再见吧，祝你们健康。"并签上自己的名字。可是，五天后她突患脑炎症，体温高达43度，传染病专家和著名中西医师共同会诊，上影厂每天从生产用冰中急调100多斤为她降温，无奈她病情再次恶化，于9月22日晚病逝于上海第一医学院，时年39岁，未到不惑之年……

舒适和慕容婉儿得知这一消息后，万分悲痛。舒适、慕容婉儿、周璇，可以说是当年上海影坛的好拍档。舒适和周璇一起拍过《李三娘》《新地狱》《董小宛》《孟丽君》《长相思》《清宫秘史》等多部电影；舒适和慕容婉儿不用说了，曾一起在话剧《清宫怨》《楚霸王》，电影《秦淮世家》《孤岛春秋》《花溅泪》《地老天荒》《风流世家》中扮演男女主角，最终成为夫妻档；慕容婉儿和周璇则不仅是银幕拍档，更是闺中密友。所以，他们之间的关系非比寻常。周璇离世而去，对舒适和慕容婉儿而言，都是一次感情上的折磨，很长时间才能从悲痛中走出。

这一年，舒适接了一部好戏——徐昌霖编导的电影《情长谊深》，和项堃一起，扮演两位科学家。舒适演某微生物研究所所长洪磊光，项堃则演他的妹夫、细菌学家黄蔚文，两人在为治疗"302"号病而研究的细菌培养方法上发生了矛盾。为了有利于工作，洪磊光主动与妹夫和好，恢复了友情。但洪磊光在一次会议上对保守思想进行了批评，黄蔚文知道这是针对他，愤然提出辞职，但当他得知洪磊光不幸

《情长谊深》剧照，左为项堃，右为舒适

被传染了"302"号病后，又毅然留下，改用洪磊光的方法进行研究，终于研制成功新的抗菌素，挽救了洪磊光的生命。他们的情谊更加深厚了。这是新中国较早表现高级知识分子的一部影片，它不回避从旧社会走来的知识分子身上存在的传统观念和不良思想倾向，但着力展现的是他们崭新的精神面貌，表现他们在为科学献身的道路上结下的深厚友谊。

舒适和项堃的表演方式代表了两种不同的体系。舒适塑造人物非常认真，为了演好所长洪磊光，他就到相关的研究所等单位去调研、体验，观察高级知识分子的习惯性动作和思维方式，然后用到表演上。但是他基本上是属于本色表演。而项堃，当然也极其认真，把一招一式都设计得很仔细完美，竭力把自己变成角色，当然属于体验派一类。拍戏的时候，舒适看上去没怎么演，而项堃表情丰富，很出彩。两个高手客观上进行了PK，似乎难分伯仲。奇怪的是，等到样片出来，大家看到银幕上放大的画面时，立时觉得舒适的表演更真实自然一些，更符合电影的特性。

舒适和项堃、张莺等一班演员在这个摄制组其实心情并不舒畅，导演和演员、演员和演员之间似乎没有合作愉快那一说，大家只能各显神通，自由发挥，演得好演得差就看各自的道行了。

项堃表面上敷衍着，内心极其不愉快，也不买账。舒适不开心的时候则闷声不响，好在随身带着他的宝贝——一把京胡，兴致上来或者闷得难受的时候，就京胡一操，咿咿呀呀唱一段，烦恼啊郁闷啊就统统烟消云散了。

不管怎么样，《情长谊深》总是一部很有价值和意义的电影，不料，竟然沦为"毒草"。1958年12月，《人民日报》发表了一篇文章《坚决拔掉银幕上的白旗》，点名批判《情长谊深》《球场风波》《寻爱记》《青春的脚步》《雾海夜航》《未完成的喜剧》《谁是被抛弃的人》《不夜城》等影片，认为这些"毒草"都在宣扬资产阶级的人性论，因为创作者绝大部分都是资产阶级知识分子，所以他们的作品中时常表现出资产阶级的思想感情和趣味……

于是，项堃成了右派分子，舒适也被安上"故意美化资产阶级知识分子、为右派翻案"的罪名。舒适的情绪少有的低落，他想不通，为什么自己那么热情地、发自内心地要为社会主义祖国出力，为人民服务，可就是一次又一次地"犯错误"呢？他近几年拍的电影，为什么几乎都是毒草？因为有着种种的不愉快，舒适和摄制组的哥们在吃关机饭时一起借酒浇愁，喝多了，被两位同事搀扶着送回家。但他神志很清醒，诚恳地对慕容婉儿说："我以后绝对不会再喝醉酒了……"慕容婉儿非常理解丈夫的心情，什么也没说，只是默默地准备了热毛巾给舒适擦把脸，服侍他睡下。女儿之前没有、以后也没有再见到父亲有过这样的"失态"，当时尚年幼的她不敢声张，也不明白父亲有什么痛苦，需要用酒来麻醉自己，只是小心翼翼地躺倒在父亲床边的地铺上，做一个属于她自己的梦。

一场轰轰烈烈的"反右斗争"正在进行，香港回来的十个人，白沉、沈寂等四人被打成右派。舒适抛开因《情长谊深》遭批的沮丧，僻静处一把拖住沈寂，"哪能一桩事体啦，啥人害侬啊?! 我关照过侬，啥人可以接近，啥人不可以，侬还是不当心啊……"沈寂苦笑着摇摇头不响，他心里明白，自己是当了别人的替罪羊……

开会时大家低着头沉默着，心里敲着鼓。可有的人为了表现积极，跳出来唱高调，给别人乱扣帽子。对这类人，舒适是看不惯的，经常直来直去地说他："侬哪能好瞎讲啦！"批判白沉的时候，有人落井下石，恩将仇报，"揭发"对他有恩的白沉，说白沉夫妇"腐蚀"他。原来他落难的时候曾住在白沉家里，白沉的太太每周煮鸡汤给他补身体。舒适这时候就有点忍不住了，要过去揍他，被旁边的人一把按住才没有站起来。刘琼则显得颇有城府，对着那个小人，轻轻地把个小手指在桌上敲敲，脸上轻描淡写地露出一丝若有若无的笑意。深知他的舒适、沈寂等人明白，老刘这是在文雅地悄悄骂人呐！

临危受命

这时候吴永刚接手导演故事片《林冲》。这是一部好戏，分镜头剧本都搞好了，邀请舒适扮演绝对男一号——东京八十万禁军教头林冲。那天，将要扮演反角陆谦的冯奇拿着电影局叫他带回的一份文件交给吴永刚，说请吴导演到电影局去一趟。晴天霹雳！吴永刚到了局里才知道，自己被宣布为"右派"，不能再导演《林冲》了。开拍在即，临阵换将诸多不便，上海江南电影制片厂的领导急中生智，让舒适兼任导演，由冯奇和扮演林娘子的林彬、摄影姚士泉、制片主任吴承镛一起辅佐。因《情长谊深》遭批而心有余悸的舒适多少怀着一点"戴罪立功"的念头，努力地想表现出色。况且救场如救火，按照舒适的为人准则，在这种时候他不会不挺身而出的。再说，他以前导演过不少作品，已经很有经验了，便欣然接下导演《林冲》的重任。

《林冲》剧照

对舒适来说，《水浒传》中的这段故事再熟悉不过——林冲携妻子张贞娘去庙里进香。太尉高俅之子高衙内被林妻之美吸引，竟在林冲暂离时趁机调戏。及时赶到的林冲正待发作，见是高衙内便只好息事宁人。高衙内又几次寻机调戏未果，不肯罢休，请父亲为他出头。高俅便按陆谦之计设下圈套，以看刀为名将林冲骗进军机要室白虎堂，诬陷他带兵器入内意图行刺，将其发配到沧州充军。趋炎附势的陆谦奉高俅之命买通解差，企图在野猪林杀掉林冲。危急时刻，林冲被及时赶到的结拜兄弟鲁智深救下。鲁智深劝他投奔梁山，而林冲只想服刑后回乡，不愿落草。鲁智深只得伴他去沧州。与此同时，贞娘坚决不从高衙内强娶之意而自刎。林冲被发往草料场看管草料，陆谦一伙赶来火烧草料场，又图谋害林冲。不料林冲因避风雪

林冲和高衙内

而留宿山神庙，躲过一劫，并刺死陆谦，走投无路之下，不得不连夜直奔梁山。

舒适根据自己的想法，重新分了镜头。在当时的政治语境下，他只能凭着多年来积累的艺术功底，按部就班地认真工作。舒适和冯奇等群策群力，每个镜头都做了充分的准备，确保万无一失。先走一遍戏，大家都感到绝对没问题了就正式开拍。遇到拍舒适演林冲的戏时，就由冯奇在现场指挥；遇到舒适和冯奇都有戏的时候，就由林彬或者制片主任喊一声"开麦拉"。

《林冲》的大部分镜头是在摄影棚里拍的，包括外景内搭。林冲雪夜上梁山的镜头只能拍外景，摄制组在山东找了一个只有枯藤、老树、昏鸦的荒凉之地，还要大雪飘飞。到了外景地，一见与原来想象的有差异，舒适只能重新调整拍摄方案。然后，由冯奇来执行拍摄，因为全是舒适的戏。望着眼前荒凉一片的景象，舒适不由百感交集，既担忧吴永刚导演，也忧心一起从香港归来的白沉导演，被打成右派后去了安徽劳动改造，如同被发配的林冲，顿生悲壮之情。

还有林冲和娘子到东岳庙上香的戏是在上海龙华寺拍的。那天，龙华寺山门大开，香火旺盛，舒适关照把那块匾换成"东岳庙"三字，又让一些群众演员穿着古装扮成香客，在庙内外川流不息。这种过场戏拍得很顺利，一会儿就完成了几个镜头。舒适和扮演他娘子的林彬一起坐在庙前休息，围观者甚众，都想一睹大明星的风采。只见舒适爽朗一笑，指着林彬说："我不好看，你们不要看我。喏，我的娘子漂亮！"众人大笑，林彬则显得不好意思起来。

林冲与林娘子

重头戏都在摄影棚里拍。1957年12月的一天，正在拍摄林冲夜宿山神庙，杀死前来火烧草料场企图害他的陆谦那场戏。将要开动摄影机时，突然几个保安人员跨进摄影棚，四处检查一遍之后离开了。大家正在诧异，只见周恩来总理微笑着陪同缅甸副总理兼国防部长吴巴瑞及夫人一行进来了，张骏祥、赵丹、黄宗英等紧随其后。周总理把外宾介绍给摄制组，舒适则向周总理介绍了各位电影同仁，以及正在拍摄的《林冲》。周总理感慨地说："我们当时也是被逼上梁山的嘛！"舒适和冯

周恩来带外宾参观《林冲》拍摄现场，右二为舒适，右一为冯奇，后左一黄宗英，后左二张骏祥，后左四赵丹

艺高德劭百岁公 艺术传评

周恩来陪同外宾参观《林冲》摄制现场，与舒适握手

奇等人第一次如此近距离地和周总理在一起，领略周总理毫无官架子、平易近人的风范，感觉他就像从新闻纪录片里走出来了。

接着，摄影机正式架好，请周总理和外宾观看了林冲和陆谦在山神庙前对打一段戏的拍摄。只见林冲长枪一挑，把使刀的陆谦摔倒在地，最后刺死，报仇雪恨。周总理和外宾拍手喝彩之后提议，"大家合个影吧！"这时有人提出异议："拍照合适吗？"周总理说："有啥不合适的？'古、今、中、外'一起拍张合影，不是很有意义吗？""古"是指穿着古装的演员，"今"是指穿便装的所有人，"中、外"就好理解了。于是，这一历史性的珍贵镜头便永远地定格在了胶片上。

和周总理交谈过几句的舒适，从此干劲倍增，有了创作冲动，深入挖掘了林冲性格的两重性：一方面忠君正统，不愿为寇；另一方面又耿直豪爽，痛恨不义和邪恶。最后他雪夜上梁山是忍辱负重仍不能生存，被逼无奈的唯一出路。这样处理，使得林冲的形象异常丰满，性格发展非常符合逻辑，深刻揭露了封建统治的腐朽性和反动性。对陆谦从造型到表演都不脸谱化，而是把他塑造成一表人才、武功高强的反角，这样才使林冲曾与他有结拜之交合乎逻辑。

舒适还设计了极有特色的片头，将线描风格的林冲帽子和一根长枪作为字幕衬底，配以中国元素强烈的音乐。当看到影片中高衙内骑马横冲直撞毁了小贩的玩具摊，林冲便买下小贩的泥娃娃，并施以银两，了解舒适的人就会意识到，这也是他一贯的行为逻辑。这时候，舒适与角色完全合二为一了。

影片完成后，舒适没有抛下吴永刚，仍把他列为联合导演。这部《林冲》与过

《林冲》海报

去的同题材作品相比，有较大的进步，得到一致的好评。

　　紧接着，舒适又导演了一部《战斗的山村》，反映代表先进思想的复员军人与保守落后势力的斗争。合作化后，复员军人丁德明回到家乡沂蒙山区。为改变山区的落后面貌，他拿出复员费，领导青年突击队打井引水，又提出开山修渠，遭到思想保守的老社长的反对。在县委于书记的支持下，他带领社员劈山引水，未婚妻本来要去城里读书，也坚决留下来为建设山区出力。

支援浙影

　　30 年代的大明星舒适，到了 50 年代成为一名成熟的导演兼演员。50 年代末，恰逢各地掀起新建电影厂之风，呼吁上影为江苏、浙江、华南各省输送人才，支援全国的电影事业发展。舒适大为激动，以为大展身手的机会到来了。他写了篇文章，表示要再干 30 年，以实际行动响应国家支援内地建设的号召。

　　1958 年 7 月 22 日，浙江电影制片厂宣告成立，设新闻纪录片室、艺术片室、洗印录音车间、美工科和厂长办公室等九个科室。根据文化部的指示，上海电影制片厂须支持浙影一个完整的故事片摄制组，以充实他们艺术片室的力量。舒适、慕容婉儿和李纬、张莺两对夫妇一商量，觉得浙江电影制片厂所在地杭州是人间天堂之地，到新开辟的天地去一定可以大有作为，况且舒适30年代加入大学剧人协会第一次上台演戏就是在杭州，这个地方对他具有特殊意义。舒适便以浙影厂导演组组长的身份登堂入室，演员李纬、慕容婉儿、张莺、张婉等以及编剧、摄影、美工、录音人员，约28人一起过去，真的想轰轰烈烈干一番事业。

慕容婉儿和儿子在杭州

舒适和慕容婉儿在杭州

与此同时，陶金、崔超明、黄宛苏等去了湖北电影制片厂，史原、王骏、保琪等去了福建电影制片厂，顾也鲁、方伯、晨波、徐薇等去了江苏电影制片厂。

在浙影厂，舒适、慕容婉儿和李纬、张莺是同一层楼的邻居。到了杭州新地方，熟人很少，两家便走得特别近，经常在一起过生日，有时候到饭店涮一顿，有时候轮流设家宴。

不久，舒适和李纬就意识到，来杭州是一个错误的决定，在浙影厂根本无法有大的作为。

一个偶然的机会，舒适结识了浙江省文联的沈祖安。沈祖安的年龄比舒适小十几岁，但看上去有点老气横秋的样子，舒适便喜欢叫他"小老沈"。慕容婉儿比舒适心思缜密得多，也谨慎得多，她与沈祖安初次相见时，紧紧盯着他的眼睛，仿佛要看到他的心里去。沈祖安被她盯得有点不安，后来才明白，慕容婉儿对于了解不深之人都采取这样的方式，一旦她觉得把人看透，没有"危险"了，才会端出心里话。那时，沈祖安写了一个电影剧本《蚕花娘子》，被浙江电影制片厂选中。由于初涉电影创作，经验不足，尚有不够完美之处，浙影厂厂方就请舒适和慕容婉儿帮他修改。舒适和慕容婉儿二话不说，无私地伸出援助之手，和沈祖安一起到杭县良渚公社去体验生活，回来后认认真真帮他改写了一稿。沈祖安提出要署上舒适和慕容婉儿的大名，可他们夫妇俩无论如何不肯。

这部电影将由舒适执导，他们三人便再次一起去农村体验生活。在一个农家小店吃面时，慕容婉儿吩咐服务员拿点醋出来，仔仔细细为三人的筷子尖尖"消毒"。舒适就在一边打趣："侬这叫啥和工农兵打成一片啊！其实卫生部部长也没办法彻底卫生的，因为钞票上面都是细菌……"慕容婉儿马上"去去去"不让他再发挥，眼睛朝四面一瞄，"如果有不怀好意的人在场，你这番言论又要被批了"。

剧本二稿听取意见后，只要再改一稿就可开机拍摄，不料政治形势突然发生变化，开始掀起反对浮夸风的热潮，浙江办电影厂被认为属于"浮夸风"之举，中央认为浙影厂不具备办厂条件和拍摄故事片的资质，只能拍摄新闻片和科教纪录片，要把故事片集中交给对口的上海天马电影制片厂（当时上影分成海燕、天马和江南三厂不久）。于是，《蚕花娘子》胎死腹中。

1959年，舒适正在浙影厂闲得无聊之时，被30年代辣斐德路颖村的老邻居谢添召去北影厂拍一部名为《水上春秋》的电影。而同样无所事事的李纬去了另一个摄制组。两个男子汉摩拳擦掌，准备大干一场。慕容婉儿、张莺留守家中。舒适在《水上春秋》中扮演的是一号男主角，从年轻演到年老，心情算是稍微舒畅一点，尽管他不怎么在乎一号还是二号。

这部属于谢添由演员向导演转型的电影，通过游泳好手华镇龙在新旧中国的命运对比，揭露了旧社会统治阶级垄断体育运动、压制运动员的丑恶行径，歌颂了新社会培养体育人才、倡导友谊竞争的良好风尚。

舒适扮演的渔民华镇龙解放前因泳技好，为中国人争了光，但也因此数次遇险，遭到外国赌徒和国民党警备司令的迫害。解放后，华镇龙成为业余游泳学校的一名教练。于洋那时候年轻健壮，扮演他的儿子华小龙，也是一名游泳运动健将，蛙泳百米成绩还打破了全国纪录。华镇龙悉心培养华小龙和其他几名运动员，发展潜水技术，成绩逐渐接近世界水平，但他们突然接到通知，蛙泳比赛中不能潜水，便又改变方针继续苦练。华小龙有急躁情绪，每日疲惫不堪，成绩却没有进步。华镇龙误会他是因谈恋爱而影响训练，父子发生激烈争执。领导及时作了调解，并帮助小龙走出低谷。经过一年的训练，华小龙和周惠良终于在全国比赛时打破世界纪录。华镇龙兴奋惊喜之余深刻体会到，只有在新中国，运动员才能充分发挥才能，真正为国争光。

舒适本就擅长体育运动，除了篮球，游泳也很出色，因此演这样一个水性好的渔民不在话下，一个猛子扎进水里奋勇向前的镜头根本无须替身，全部亲力亲为。

1959 年舒适拍摄《水上春秋》时摄于北京

《水上春秋》剧照

舒适（右）和于洋（左二）在《水上春秋》中

与当时的青年演员于洋演一对父子也相当成功。虽然这不是舒适的导演作品，但在表演上可以说是过了把瘾，更值得庆幸的是没有遭到什么非议，几乎可以算香港回来之后的一抹亮色。

经此一折腾，舒适和李纬在外面奋斗了一阵子就再也不想回浙影厂了，慕容婉儿和张莺便也有了理由提出申请，随丈夫一同调回上海。而其他支援人员只好长期在杭州安家，再也回不到上影。

舒适回到上海发现，天马厂也有一个与沈祖安同题材的剧本，是浙江省的作家顾锡东写的，名叫《蚕花姑娘》，正要上马。正巧沈祖安与顾锡东是老朋友，就把经舒适和慕容婉儿改写的那一稿《蚕花娘子》交给他，以丰富他的《蚕花姑娘》。顾锡东把两个剧本做了一番取长补短的改造，质量大大提高，也已与沈祖安的剧本全然不同。影片拍成试映后，反响很不错，顾锡东要对舒适和慕容婉儿表示感谢，可夫妇俩连连摇手，"我们没有出啥力啊！"顾锡东大为感动，在沈祖安面前直夸："老前辈就是风格高！"

后来，顾锡东拿到了800元剧本稿费，要分给沈祖安300元，可是沈祖安不敢收，因为他觉得舒适和慕容婉儿花了不少心血，这里面应该也有他们一份。但是不出所料，舒适和慕容婉儿一致表示，稿费绝不能收。顾锡东只好提出由他请客，带着夫人和女儿，沈祖安则陪着舒适、慕容婉儿前往，在舒适家附近的上海陕西南路上的红房子西餐馆吃了顿大餐。

之后，舒适、慕容婉儿与沈祖安、顾锡东成了莫逆之交。顾锡东还为沈祖安写了首打油诗："赔了时间贴本钿，结交两位大明星。虽然剧本没拍成，学了不少真本领。沈祖安，勿吃亏，朋友越多越开心！"

第五章

宠辱不惊

他像父亲一样，相貌堂堂、魁梧刚毅，在兄弟姐妹当中最有威信，大家都佩服他这个大名鼎鼎的电影艺术家。尽管他没有从军，却能在银幕上成功塑造军人形象，因为父亲身上的军人气质全部遗传给了他。新中国他最出名的角色就是电影《红日》中的国民党七十四师师长张灵甫，对这个著名人物塑造的成功，和《清宫秘史》中的光绪一样，给他带来了荣耀和名望，同时也带来无尽的痛苦和灾难。一场史无前例的浩劫，让他和妻子饱受煎熬……

出演《红日》

1960 年代初，上海天马电影制片厂欲将一部军事巨著《红日》搬上银幕，厂长陈鲤庭亲自点将，由著名编剧瞿白音创作剧本，已经拍过数部战争电影的汤晓丹担任导演，来自部队、熟悉军人生活的汤化达任副导演。

这部由吴强创作的军事题材长篇小说，以 1947 年国内革命战争时期山东战场上的涟水、莱芜、孟良崮连续三大战役为情节主线，以宏大的结构和全景式的描写展示中国人民解放军战胜国民党王牌军的曲折过程和独特魅力。电影剧本基本上忠实于原著，只是接受了军委的指示，更加突出毛泽东的军事思想和战略方针。

《红日》的电影剧本和小说一样，也采用先抑后扬的手法。先以 1946 年初冬国民党军队对我华东解放区发动大规模进攻，解放军沈振新部在苏北涟水城外与张灵甫的整编七十四师激战，因双方力量悬殊，沈振新部北撤向山东转移。七十四师遂配合八十三师等 20 万人，又向山东临沂方向齐头并进。盘踞在济南的李部也同时逼近莱芜、新泰，企图南北夹击我军。我野战军司令部决定留一部分主力在南线阻击，大部分转而北上，决心先消灭北面的李部。这就是历史上著名的莱芜战役。

接下来，国民党军以张灵甫的七十四师为先锋，又向我山东蒙阴进攻，企图聚

《红日》中石东根（杨在葆饰演）醉酒纵马的镜头

歼我华东野战军于沂蒙山区。为了分散和牵制敌人，沈振新军从沂蒙山西侧插到敌后鲁南一带。敌七十四师进攻坦埠失利，在我军东、西、北三路大军的强大压力下，被迫上山，企图于第二天清晨突围。沈振新部星夜飞兵抢占要地垺庄，切断敌军退路，将七十四师紧紧围困在孟良崮。在攻占孟良崮顶峰的战斗中，团长刘胜不幸牺牲，石东根连的战士搭人梯攀上悬崖峭壁，直捣七十四师指挥部，张灵甫在石洞中负隅顽抗，被击毙。

张伐、高博、中叔皇、李农、里坡、杨在葆、康泰、程之、董霖等主配角纷纷到位，唯独七十四师师长张灵甫的扮演者尚未确定，因为这可以说是影片成功与否非常关键的一个人物，必须设立一个强有力的对手，才能最终显示我军的无坚不摧。由于最初定的那位演员犯了错误，来不了了，汤晓丹导演就异常坚决地请舒适来救场。有人频频向他推荐其他演员，他不为所动，但因为还没有最后拍板，所以他始终保持沉默，弄得别人都不知他葫芦里究竟卖的什么药。汤晓丹是个做事极其认真的人，不愿意采取丑化国民党军事将领的漫画手法，所以才认可相貌堂堂、气度不凡的舒适，觉得他的外形和气质与张灵甫甚为接近——身材挺拔、气宇轩昂、目光犀利。然而，张灵甫不仅骁勇善战，曾是抗日的虎将，而且是北大肄业，学识、修养很高的一员儒将。于是，汤晓丹对舒适的出身、历史、学识、人品作了一番全面、深入的了解，结果更加坚定了他的想法——此角色非舒适不可！

汤晓丹导演决定用舒适后，舒适提出，要调看有关张灵甫的文字资料，了解他的情况。汤晓丹即派制片办好一切相关手续，把舒适送到南京军事学院，采访当年张灵甫的参谋长，就是电影《红日》里另一位著名演员程之所饰角色的原型。舒适不仅在南京详细掌握了有关张灵甫的第一手材料，而且把收集到的所有资料如数带回上海，提供给汤晓丹。于是，汤晓丹私底下就给自己定了一个目标：双方军事首长都要表现出"指挥若定"的风度，但对反角只可意会不可言传，否则将招来麻烦，电影肯定拍不成。

有些演员没有接触过国民党高级军官，无法真实地表现出正规军军官的气质。而舒适在这方面得天独厚，他父亲本就是国民党高级军官，从小在军官扎堆的圈子里，对这个人群太熟悉不过。在中学里，有一次军训时他对一位带领他们操练的中队长印象很深，觉得其形象、气质就和张灵甫十分接近：皮鞋擦得锃亮，军服上一点褶纹都没有，给人帅气、傲然的感觉。舒适就想把这些耳濡目染得到的点点滴滴转移到他的角色张灵甫身上。

在汤晓丹导演主持的创作讨论会上，舒适正式提出："拍这部电影一定要实事求是，不管国民党还是共产党，张灵甫首先是个军人，而且是抗日名将，打仗非常勇敢。我演这个角色，绝对不能丑化他，不能窝窝囊囊的。只有把国民党表现得很强，共产党把他打败才显得更强大、更难得。"

汤晓丹沉默着，不说同意，也不否定。舒适也是话不多的人，他和汤晓丹很默契，心有灵犀一点通，知道汤导演不便公开表态，但只要他不否定，就是认可。于是他就按照自己的设想干了。其实，舒适的想法正合汤晓丹的心意，双方军事将领都要"指挥若定"嘛！

这时候，来了一位年轻人，叫张云立（如今已是扮演老年叶剑英的不二之选），是孙道临刚从一家工厂挖来的，汤晓丹安排他扮演张灵甫的副官。张云立跑到舒适跟前，有点战战兢兢地说："舒适老师，你要帮帮我哦！"舒适已经知道，站在面前的是有"雄狮"美誉的张翼大哥的儿子，就说："没事，小张你跟着我好了！要精神点啊，军人嘛，起码要昂首挺胸，不要像有些人那样，把国民党军人弄得猥猥琐琐、吊儿郎当的，那样演戏不对的！"

《红日》的故事发生在山东，所以外景理所当然也在山东拍。按照通告，摄制组该出发了。演员们每人提着一个硕大的旅行袋，里面装着被子、衣服、碗筷、剧本等等，赶到厂里集合。舒适比别人多带一样东西——他的护身符——京胡。拍电影出外景，别的生活用品可以省略，京胡是绝对不能不带的。一辆辆解放牌帐篷卡车把他们送到火车站，乘火车到山东，卡车再把一行人接到外景地栖霞县，弄得满脸满身的灰土。有人打趣：演戏都用不着化妆了。

在一个祠堂里，分成几个区域，演员组、剧务组、道具组等等各就各位。不论名演员还是无名小卒，无特殊照顾，用稻草垫一下，全部打地铺。舒适睡的地方只不过看上去位置稍微好一点而已。

正式开拍的时候，其他演员往往需要补戏，舒适却经常一次就过，很顺利。因为张灵甫的七十四师是蒋介石的嫡系部队，全部美式装备，舒适根据汤导演和他自己的设计，在影片里首次出场时披着一件斗篷，据说这是有几分模仿蒋介石的样子，与几位下属一起在一座宝塔前拍照留影，显示出一丝"少壮派"军官的傲气。

舒适在《红日》中扮演不可一世的张灵甫（左二），右一程之，右二于飞，左一董霖

1960年代初正是三年困难时期，粮食紧缺，只能以杂粮充饥，但还是不饱。那种黑黑的窝窝头，硬邦邦的，另加一碗汤，里面漂着两三根海带。紧紧跟着舒适的张云立问："舒适老师，怎么样，你行吗？"舒适脖子一梗："哪能啦？吃啊！"只见一只窝窝头被他一口咬去一大半。他条件比较好，从上海带了点零食，有时候能稍微调剂一下。山东的老百姓见上海去的电影摄制组这么艰苦有点心疼，"哎呀，你们来拍电影辛苦啦，我们这里可没啥招待你们啊！"可是，老百姓更加艰苦，只能吃树皮草根。

吃杂粮肚子里容易胀气，拍摄时，现场不时响起屁声，闷葫芦汤晓丹发声音了："大家注意啦，不要出声，包括放屁，控制一下……"大家很想笑，但只能克制住。开会时，大家放松了，放屁声此起彼伏，平时话不多的舒适居然也忍不住会来两句打油诗，引得大家哄堂大笑。在那种艰苦的环境里，很需要舒适这样出来幽默一番，起到调节气氛、分散大家注意力的作用。

轮到拍战争场面了。军委早就下令，济南军区无偿调拨部队前来配合。只见漫山遍野都是军人，有解放军，也有国民党军。拍戏的时候，士兵都要步行，还要扛着各种轻重武器。舒适因为演的是国民党军官，坐在吉普车里，轻松不少。遍布几十公里地的军队于前一天晚上布置好在山脚下待命，等到天蒙蒙亮，摄影师马林发看看测光表，说："可以拍了！"汤晓丹导演决定先拍解放军冲锋的镜头，信号枪"砰"一响，解放军"冲啊！"一遍下来，汤导演慢吞吞地说："很好，再来一遍。"扮演解放军的几个演员肚里在唱"空城计"，冲了一半就躺在半山坡上再也跑不动，"汤导啊，我们肚里没货，跑不动啦！"汤导演不为所动，"不行，再来一遍。"……

后来外景点转移到胶东，正是夏天，一帮男人们寄宿于停课的空教室里，几张课桌一拼就是床了，胖一点的一翻身皮肉就会夹入拼缝，一夜要痛醒好几次，第二天早上起来，发现身上全是一道道血印；瘦子则在这硬邦邦的"床"上翻来覆去难以入睡，还有无数饿慌的跳蚤向他们发起进攻，大部分人彻夜难眠。加上这个学校的后面就是芦苇荡，青蛙呱呱呱叫得欢，"交响乐"从窗口钻进大家的耳朵，就更睡不着了。扮演石东根连连长的杨在葆灵机一动，想出歪点子，对着冯笑等一帮年轻人如此这般一番耳语。舒适不知这些愣头青在搞什么，只见他们拿着几个袋子鬼鬼祟祟地出去了。舒适不由大发好奇心，悄悄跟过去。原来，他们是去芦苇荡里抓青蛙，舒适不好意思参与他们的行动。等到杨在葆他们乐呵呵地回来，每个袋子里都有十几只青蛙，大获丰收。大家立刻动手，杀的杀，洗的洗。这时候舒适特别起劲，"我来我来！"可是用什么来煮呢？扮演解放军丁政委的高博不失时机地贡献出一口大锅，大家便踊跃着清水煮青蛙，不一会便香气扑鼻。好吃啊！舒适觉得那是有生以来的最佳美味。

尝鲜之后，舒适顿时精神大振，就和另一位京戏迷——演张灵甫参谋长的程之一起，在学校大院里拉起京胡，摄制组驻地立时响起一个又一个或悠扬或昂扬的京剧唱段。无论电影表演还是唱京戏，这时候的舒适都无愧于"老戏骨"的称号了。青年女演员尤嘉也喜欢唱京戏，但水平一般，舒适就和程之一起教她唱青衣。那一声声或委婉或激越的琴声，那一句句有板有眼、韵味十足的唱腔，听得大家忘记了暑热和艰苦。

经过90天的艰苦工作，《红日》外景拍摄终于完成，当地也迎来了丰收，人人欢欣鼓舞。摄制组的车队一辆接一辆离开了这片洒下汗水的土地，刚刚拐上大道，突然被几个老乡伸出双臂拦住。舒适等不知道出了啥事情，下车一探究竟。老乡

舒适扮演的张灵甫（右）和程之扮演的敌参谋长

说："我们丰收啦，可以啦，来!"一边说一边不由分说地往每个人的口袋里塞花生。舒适、张伐、高博、中叔皇、李坡、康泰、杨在葆等一帮汉子感动得热泪盈眶。

回到上海后，马不停蹄拍内景。在上海天通庵路片场（即现在的宝通路电影技术厂）里拍摄孟良崮山洞里的一部分戏。舒适打电话吩咐女儿送一只打火机去，女儿到了那里，正撞见父亲在拍一个镜头——张灵甫得到解放军占领垛庄的消息后说了句："哪来的天兵天将？"她觉得穿军装的父亲特别神气。

舒适最小的弟弟舒昌言也跟去看热闹，见到汤晓丹闷声不响坐在那里，就问："这位是谁啊？"舒适立刻小声制止他，说："你别指指点点，那是导演!"从此舒适的小弟弟就有了一个错误的概念：在片场闷声不响的就是导演。

轮到拍张灵甫狠狠打被解放军俘虏又放回的张小甫两记耳光的镜头了，舒适不忍心真打，连拍了好几遍，汤晓丹就是不认可，坐在那里慢吞吞地说："不像……再……来。"扮演张小甫的董霖急了，就说："阿舒，你就打吧!"只见舒适咬咬牙，大巴掌用力扇过去，将董霖打得一趔趄，汤晓丹这才表态："可以了……"脸上露出满意的表情。舒适的小弟弟觉得，三哥真厉害，导演更厉害!

影片完成后送审，出现褒贬两种意见，双方都不买账。经过好一番折腾，终于因陈毅副总理的一句话获得通过。舒适演的张灵甫这个人物得到了部队首长的肯定。张灵甫的后人也曾经把舒适请到家里，设宴招待，感谢他没有丝毫丑化张灵甫，塑造了一个真实的国民党军人。50年后，比较客观地描述、评价张灵甫的《王牌悍将张灵甫传》一书出版，张夫人王玉龄特地托儿子张道宇将书给舒适送上门，再次表达对舒适真实演绎张灵甫的感激之情。

张灵甫

张灵甫太太赠送给舒适的书

灾难降临

谁也没想到，《红日》问世后没几年，"文化大革命"开始了，舒适在影片中惟妙惟肖地扮演国民党师长张灵甫竟成为一大罪状，为他带来了灾难。

1966年舒适50岁生日那天，"文革"正式开场的锣声还没敲响，但已经是山雨欲来风满楼了，敏感的人已经能感受到一种压抑的气氛。舒适这个知天命的生日，除了和妻子慕容婉儿，还有最小的弟弟舒昌言在一起。慕容婉儿已经有了一种不祥的预感，吃饭时，她严肃地告诫正在上海医学院读三年级的小弟弟："我们家成分不好，你在外面一定要凡事当心，多做事少说话……"

果然，在上海电影译制厂担任英文剧本翻译的慕容婉儿不久就"失踪"了，她母亲问："她到哪里去了？"子女们骗母亲，她工作忙。其实她是被"隔离"了，关在一个防空洞里，因为有亲属在台湾，又曾是旧时代的明星，还去过香港、台湾，就被说成是"混进革命队伍的特务"，一遍又一遍让她"交代问题"，甚至遭到剪头发、鞭笞等体罚。这时候，舒适的女儿已经去了北京海军政治部文工团，不在身边；儿子在音乐学院就读，也因个性耿直而遭到不公平的对待，并强行要他和父母划清界线。舒适则每天去上影厂学文件、读报纸，下班回来无事可干，很为妻子和子女担忧。有时候，他就抓几粒米撒在窗台上，看着麻雀前来啄食，或者成群结队

上世纪五六十年代的慕容婉儿

的蚂蚁锲而不舍地来搬运，以解寂寥和迷茫。看着这些鲜活的小生命如此团结，他不解，人类为什么要互相折磨、互相残害？

那时候慕容婉儿已经患了癌症。去农村下放劳动的时候，她觉得胸部不舒服，就叫上海电影译制厂的同事潘我源（著名演员夏天的太太）帮她判断一下情况如何，因为潘我源在这方面有些经验。潘我源建议她赶快手术。可是，也许是为了美观，也许对病情的严重性估计不足，慕容婉儿对这一粒貌似"良性"的小东西没有足够重视，只是吃中药和推拿，可是剂量又不够，一天的药她居然分三天服用，根本起不到疗效，病情却也基本稳定，尚未发展。

可是，精神和肉体一经双重摧残，病魔更易肆虐，慕容婉儿自觉那小东西已经悄悄长大，而上海电影译制厂的造反派却不让她看病，派人轮流看管着。慕容婉儿的同事、俄文翻译叶琼和配音演员赵慎之等也值班去陪过她。有一天，慕容婉儿悄悄地对叶琼讲了自己的病情。叶琼大吃一惊，慕容婉儿的肿块已经不是花生而是鸽蛋了，还发烫！叶琼就对造反派说："她生重病，这事非同小可，你们继续把她关着，一旦发生意外，可担不起这责任！"慕容婉儿这才得以走出防空洞，被允许回家治疗。可是等她回到家里，舒适"失踪"了。

因为上海的主流媒体发表了一篇批判电影《红日》的文章，文中提到舒适扮演张灵甫是"反革命演反革命"——"为啥演得这么好，因为这个演员骨子里就是一个反革命分子"。据说这句话是江青亲自加进去的。于是，舒适被关在上影厂一间很小的屋子里，只放得下一张桌子和一张小床，被克扣后剩余少得可怜的工资只能委托朋友帮忙送回去。舒家人每当收到由电梯工传递上来的装着工资的信封，不由悲喜交加，喜的是生活暂时又有了着落，悲的是不知何时能还舒适一个清白，合家团聚。

在一次次批斗《红日》的编剧瞿白音和导演汤晓丹时，舒适和杨在葆也一次次陪斗。安在两位艺术家身上的罪名是"别有用心拍摄大毒草",汤晓丹因为习惯剃光头,就被训斥"是否为了纪念蒋光头"?汤晓丹当然一以贯之地闷声不响,就被毒打,上影厂造反派的头头亲自动手,一拳又一拳地朝他身上招呼,"他妈的,我就要把你的屁打出来!"当然,汤晓丹还是闷声不响,只能闷声不响……而舒适和杨在葆头上的大帽子分别是"美化国民党"和"丑化解放军",说舒适故意把敌人演得神气十足、威风凛凛、文质彬彬、漂漂亮亮,杨在葆故意让解放军连长演得像山大王一样,醉酒纵马,浑身充满匪气……当然是故意的,现在看来,这正是对他们二位演技出色、非脸谱化塑造人物的赞美。

当时,北京一批红卫兵南下串联来到上海,把电影系统的艺术家们通通集中起来揪斗,叫他们排好队一个个上台,每上去一个就是左右开弓两记耳光,体弱的受不了这"见面礼",不由被打得眼冒金星、耳边嗡嗡直响。舒适也在队伍里,但是,等到快要轮到他的时候,在一边负责维持秩序的一名上影厂造反队员突然大喝一声:"他妈的,你上来干什么?滚后面去!"舒适不明就里,便又到队尾重新排队。等到他再次成为队首的时候,那个造反队员又对着他吼起来:"你他妈的怎么又来了,滚!"原来,因为舒适这个大明星没有一点明星架子,过去在摄制组里一直帮照明或者置景工人搬运器械和道具等等,工人们都和他哥俩相称,关系不是一般的好,而这位假骂真帮忙的照明车间工人师傅,是舒适篮球场上的球友,不忍心让舒适挨揍。舒适这时也明白过来,这位工人师傅是在用这种特殊的方式暗暗保护自己,使自己免遭屈辱,不由万般唏嘘,暗暗感激。不知此时他是否会在心里暗暗哼唱杨四郎的段子:"我好比笼中鸟有翅难展,我好比虎离山受了孤单,我好比南来雁失群飞散,我好比浅水龙被困在沙滩……"

凭着与工人们的友情,舒适尽管被"揪"了出来,倒也自在,除了不得不承受巨大的精神压力,竟没遭到暴力摧残。他带着一本小字典,从头到尾细细阅读,一遍又一遍。还在小小的隔离室里因地制宜锻炼身体,原地跳高、俯卧撑、做体操,左右宽度不够,就转过身来,利用床的长度伸直双臂,做弯腰动作时再恢复原位。

然而,舒适被隔离、被批斗,对慕容婉儿而言无异于雪上加霜。据说,这时候她自身的肿瘤监视系统因受到精神刺激而停止工作了,就像停电,肿瘤一下子就恶化,扩散到淋巴。据医学专家说,人有三大循环系统,动脉、静脉和淋巴,一旦肿瘤转移到淋巴系统,情况就相当严重……但是,慕容婉儿还是不愿意去医院。不是不想,而是受不起那种侮辱——到了医院必须先自报家门,属于什么成分,然后站在一高台之上,面对毛泽东宝像鞠躬请罪,方可挂号就诊。况且,专家权威已悉数靠边,由工农兵"医生"挂帅,失望之极的慕容婉儿除了摇头还是摇头。于是,只能继续请中医治疗,一天比一天消瘦,可她担心舒适超过担心自己的病情,悲哀地对舒适的小弟弟舒昌言说，"你三哥没指望了"……

何罪之有

把舒适说成"反革命"，把慕容婉儿说成"特务"，这是他们夫妇无论如何都无法接受的。

想当年，舒适的父亲是民国第一批将军，不愿意参与军阀混战。"一·二八"事变后，舒家为了支持抗战，捐出了很多钱财去买枪炮，结果，日本人一来就烧舒家老宅。舒适的母亲是"红万字会"的成员，也曾积极参加抗日活动，淞沪战争中帮助抢运伤员，还把共产党地下工作者李白同志的上级藏在家里，掩护他躲过一劫。后来事发而被日本人关进监狱，以至于患了严重的青光眼，导致失明。

出自如此家庭，一直要求进步的舒适何罪之有？也许因为他有段日子在苏州读书时与蒋纬国是同班同学？还是因为"孤岛"时期作为国华影业公司的明星，他的大名上过《新华日报》，并曾受戴笠邀请，参加过派对？其实直接原因非常无聊：有个沪剧团女演员，就像影视剧里看到的那样，被造反派"屈打成招"，说舒适从前和她老公一起喝过咖啡。因为那个女演员的老公"政治身份不详"，舒适就被当作特务关了起来。

舒适没做过任何坏事，所以很坦然，麻烦的是有亲戚在台湾，在那个疯狂的岁月里，百口莫辩。

有一天晚上，患病在家的慕容婉儿听到了急促的敲门声，儿子正巧也在，就去开门。突然，几根闪闪发亮的长矛对着他伸过来，接着，一群"文攻武卫"冲了进来，问他是谁？"我是舒适的儿子。""把户口簿拿来看看。"因儿子的户口在音乐学院，此时此刻他居然无法证明自己的合法身份，被他们怀疑为"从哪里逃过来的"，只能坐在边上，不许"乱说乱动"。抄家开始了，来者不动手，指挥慕容婉儿自行翻箱倒柜，见到他们认为的"封资修"物品，便叫慕容婉儿当即自行销毁。儿子实在不忍心让有病的母亲受此折磨，急着要替她动手，可是不准，他只能目睹母亲忍着身心双重的痛苦违心地忙碌着，无可奈何。

那一天，舒适家里被拿走了他们认为"有价值"的东西，包括儿子珍爱的唯一一把玩具手枪。

与此同时，"舒家弄"也迎来了不速之客，可能是"空四军"装扮的红卫兵，他们来到上海，要抄名单上每个老艺术家的家。他们兴趣盎然地翻看着那些旧照片，就像在看一部部老电影，嘴里骂骂咧咧，心里却嫉妒着照片上耀眼的电影明星，不时还嚷嚷着："那封信在哪……那封信"……

艺高德劭百岁公 艺术传评

原来，因为毛泽东写了首纪念杨开慧的词，"我失骄杨君失柳"，江青吃醋了，说也要纪念她早先的丈夫唐纳，写了封信到上海，要当时见证他们几对一起结婚的郑君里帮助寻找唐纳的下落。"文革"一来，她越想越不对，感到这封信就像一颗危险的定时炸弹，想方设法要拿回。其实，这件事情与舒适和慕容婉儿完全不相关。

无论"文攻武卫"还是"红卫兵"，自然没有在舒家得到一点点他们需要的东西，只是抄出了许多舒适母亲当年为抗日慈善捐款的凭证，还有就是舒适父亲珍藏梅兰芳戏装的四只描金箱子中的三只，以及一些古玩和旧照片，被作为"四旧"拿走了，另一只得以幸运地劫后余生，不知何故。

就在舒适被隔离的时候，慕容婉儿的母亲病故了，舒适无法回家帮助料理后事。后来，舒适一直为没能尽到女婿的责任而深怀内疚，即使客观上他当时爱莫能助，不知这是否是他下意识地酷爱唱《四郎探母》的原因之一？慕容婉儿则不得不一遍又一遍地思考同一个问题：当初从香港回来是为什么呢？结果怎么会是这样？

祸不单行，之前全国人民对批判电影《清宫秘史》的软性抗衡这时候也终于被"文化大革命"摧毁。1967年，《红旗》杂志第五期上发表了一篇戚本禹写的文章《爱国主义还是卖国主义？——评反动影片〈清宫秘史〉》。其中有一段写道："反动影片《清宫秘史》是永华影业公司摄制的。这是一家反动的电影公司，它成立以后拍摄的第一部影片《国魂》，就是借文天祥的幽灵，来为垂死的蒋家王朝招魂。它的第二部影片就是《清宫秘史》。作者姚克，是一个坚持反革命立场的反动文人。他曾经编辑过反动的《天下》月刊，反对中国革命，积极为英、美帝国主义和买办资产阶级效劳。后来，又投靠国民党反动派，并不断写点反动的、黄色的剧本。他是反动统治阶级的一条小走狗。全国解放前夕，逃亡香港。这样一个反共、反人民的反动文人写出一部反动影片《清宫秘史》，是丝毫不奇怪的。奇怪的是那些披着'共产党员''无产阶级革命家'外衣的党中央宣传部的部长和某几个副部长，以及背后支持他们的党内最大的走资本主义道路的当权派，却对这样一部极其反动的、彻底的卖国主义影片如此垂青，把它誉为'爱国主义'的影片，积极充当帝国主义、封建主义、反动资产阶级的代言人，这岂不是可以发人深省的吗?!"

很明显，这是一发宣告"路线斗争"开始的信号弹，批《清宫秘史》只是幌子，"要把皇帝拉下马"才是目的。果然，几天后《人民日报》又刊发了一篇署名"史红兵"的文章，标题就直奔主题：《彻底批判卖国主义影片〈清宫秘史〉，打倒党内头号走资本主义道路当权派》。这个"头号当权派"就是共和国主席刘少奇，电影圈的艺术家们不由惶惶然……

于是，《清宫秘史》再不能不批了。为了更好地组织批判，切中要害，《清宫秘史》在全国进行"批判公映"，上海电影制片厂的全体职工则被组织到徐汇剧场观看这部电影。可是，看完后人人都觉得不错，艺术质量很好，政治上也不知反动在哪里，所以这场自上而下的大批判还是走走形式，在中南海揪斗"走资派"才是真正的"革命行动"。

不料，消息传到香港，该片的导演朱石麟吓得一病不起。因长期超负荷工作而患有神经性高血压的朱石麟，此时不过 68 岁，却颇显垂老之态，他埋在帆布椅里，哆嗦着读完香港《文汇报》转载内地的批判文章后，神思恍惚，难以自持，几次想站起，未成，又固执地不要家人搀扶，终于顽强地靠自己的力量撑着椅子把手成功站起，才走了几步就倒地不醒，经当地的法国医院抢救无效，当晚即谢世而去。

而舒适，《清宫秘史》和《红日》两株"大毒草"都是他的代表作，封建皇帝加上国民党军官，再加上莫须有的"历史问题"，处境相当不妙。但他内心是不服的：受鲁迅器重的姚克怎么成了"坚持反动立场的反动文人"？明明是肯定戊戌变法旨在以史为鉴的《清宫秘史》，怎么就成了"宣扬卖国主义"的反动电影？还有《红日》，这么一部精彩的军事片，怎么就成了美化敌人丑化我军的大毒草？难道非得把国军演得獐头鼠目，把解放军演得像金刚不坏之身的神一样才显得革命？他本是个简单的人，既然这些问题无法回答，那就随它去吧！得益于大大咧咧的性格，他对自己的不良处境想得不多，况且在上影厂工友们的暗中保护下也没吃更多的苦，只是行动受到限制而已，便采取既来之则安之的态度，泰然处之。

第六章

生离死别

他和妻子是一对神仙眷侣，气味相投，心意相通。可是，
因为这场政治运动，他们只能被分离——一个被隔离审查，
一个在家生重病；一个被送到远在海边的五七干校强制劳动，
一个还是在家生病，重中加重。到了最后那一刻，他才被允
许回家看一眼，把她送走。之前他们是生离，这时是死别，
30年的恩爱夫妻从此阴阳两隔……

冬夜告别

慕容婉儿的病情已经非常严重，舒适的弟妹们连续发了两次电报，催促舒适远
在北京海政文工团的女儿赶快回来。女儿几次向部队领导请假不准，最后终于给了
七天，并要求她到上海后先去母亲工作单位搞清楚，母亲到底有没有"解放"。于
是，舒适的女儿一下火车便直奔慕容婉儿的单位——上海电影译制厂，得到母亲
"确实没问题"的准信后，再赶到家，天已黑了。见到她，翘首以盼的家人又惊又
喜，慕容婉儿更是精神大振。

年轻时的慕容婉儿

舒适 1941 年赠慕容婉儿的明星照

第二天，在女儿的坚持下，慕容婉儿只得同意去看病。她不想在女儿面前流露出更多的羸弱，一路上顽强地坚持着，硬装出身体还很硬朗的样子，还侃侃而谈，讲述这些年的情况。可是第三天，走到车站她就不得不要找一面墙靠着休息一下。第四天，到了车站实在无法坚持，只能蹲下来了。一到车上，人们都抢着让座，因为一看她就是个病人，脸色苍白得可怕。女儿知道，母亲的癌细胞已经扩散。其实，慕容婉儿自己也知道……

那一天，慕容婉儿得到上影厂的通知，舒适将要被直接从厂里遣送到临海的奉贤五七干校。本来就有家不能回，这一去，不知何时才能相见……慕容婉儿暗暗做出一个决定：去上影厂与舒适见上一面。

这是 1969 年 11 月初一个清冷的傍晚，慕容婉儿选了一件呢大衣，已经肿大的手臂正好可以套得进，但其他部位却显得非常宽大，因为她本来就偏瘦的身体又消瘦了许多。不过，衣服大一点正好可以遮住病患的痕迹，她觉得很欣慰。因为要与舒适见面，慕容婉儿照了照镜子，这段日子一直看病吃药，很久没有对镜理妆了，她看见了自己的脖子，因癌细胞扩散到淋巴而明显有点异样，便加了条白色的丝巾，苍白的脸竟在这条更白的丝巾对比下似乎有了点血色，她对着镜子笑了。慕容婉儿原本是个喜欢笑的人，可是很长一段日子，她笑不出来，所以当她在镜子里看见自己久违的笑容时，竟有了一种脱离现实的感觉。

慕容婉儿对镜理妆

　　慕容婉儿觉得自己这时候看上去"还不错",便把几天来帮舒适赶织的一件藏青色绒线背心、一条球裤、一副厚手套塞进一个小包,准备出门了。舒适的弟弟妹妹知道,劝她打消这个念头肯定是不可能的,只是对她的病体担忧,便问她:"如果不让你们见面怎么办?"慕容婉儿不假思索地回答:"我不管,不让见也得见!"

　　女儿义不容辞地要陪母亲去,慕容婉儿想了想,拿出一张纸,叫她把带去的几样东西写下来。才三件东西还记不住吗?不,她是考虑到既要保护在海政文工团工作的女儿,不能让她因父母的事情受到不良影响,又要让舒适见到这张纸就明白女儿回来了。

　　走出家门,慕容婉儿就意识到,这段路程比她预想的要遥远得多、艰难得多。但是,凭着要与舒适见一面的意念,下了公交车后,在女儿的搀扶下,她用尽全身的力气,拖着羸弱的病体,一步一步终于挪到了漕溪北路上海电影制片厂的大门口。夕阳很快就落了下去,天色越来越黑。门房认出了她,可能出于恻隐之心,没多言语就让她进了厂门。慕容婉儿回头关照女儿,在门口等她,随后在门房的指引下来到关押舒适的"牛棚"。而看管舒适的上影厂工人,在政治运动之前和舒适都是拍肩握手称兄道弟的哥们,知道慕容婉儿出现在面前的用意,想想舒适即将去五七干校,今后命运难料,也就私下里网开一面,让他们夫妇见一面说说话吧。

　　这个小小的"牛棚"外面有一盏路灯,这时候刚刚开亮,散发着昏黄的光。舒适出来了,在路灯下见到了久别的妻子,心中五味杂陈,说了声"你怎么来啦……"就再也不知说什么好,也不能说有关这场政治运动的任何话语。两个人就这样无语地对视着,双方目光中都有一点火星,在路灯黯淡的光照下,不停地闪

舒适、慕容婉儿和一对儿女

烁。慕容婉儿不敢也不愿把自己癌细胞扩散的坏消息告诉舒适，只是把悄悄涌出的苦泪强咽下去。其实，舒适早已从别人口中点点滴滴得知一些关于慕容婉儿病情的消息，但他不知怎样询问，也不愿意在这一刻破坏妻子精心设计的强颜欢笑。《清宫秘史》中光绪与珍妃秘密相见，被关押的是珍妃，而现实中被隔离的是舒适。就像光绪爱怜地看着不幸的珍妃那样，舒适望着眼前柔弱的妻子，穿着旧大衣、围着白丝巾、戴着白手套的妻子，依然美若天仙、清丽脱俗，只是显得憔悴。

这时，等在上影厂门口的女儿突然看见，厂门大开，一辆接一辆罩着帆布篷像密封罐头一样的大卡车鱼贯而出。这不像是出发去拍电影，那时候已无电影可拍，而更像是上战场的运兵车。她急了，爸爸不会提前去干校了吧？于是，她尽量站在明显的地方，心想，爸爸如果在车上就能够看到她。

舒适和慕容婉儿在里面也听到了车辆发动、开出厂门的动静。慕容婉儿终于开口了，轻声细语地关照舒适："到了干校一定要相信群众相信党，所有问题都会搞清楚的，一定要保重身体，那儿靠海，冷……"说到这里，她突然想起带来的那件藏青色绒线背心，以及裤子和手套，尤其是那张有着女儿字迹的清单，便从包里取出，塞到舒适手里。

舒适捏着绒线柔软的质感，知道这是妻子忍受着心理和生理的双重痛苦一针、一针织就的，心底不由涌起一股暖流和酸楚。他边频频点头，边重复着同一句话"你也要保重"，竟再也说不出别的什么。

看守开始催了："阿舒啊，差不多了吧，太晚了回去也不方便。"舒适是个太不愿意为难别人的人，听到催声，便劝妻子赶快回去，"保重……"他只能说这两个字，也只会说这两个字……

慕容婉儿重重地点了点头，再最后长长地看了舒适一眼，仿佛要把他的样子深深地刻印在脑子里，然后就黯然离开了。舒适望着她缓缓离去的瘦弱的背影，不知道她怎能支撑对她而言显得有些遥远的归程。他下意识地扫了眼手里那张"清单"，忽然发现是女儿的笔迹，立刻明白，原来女儿回来了！如此，他才稍感放心。

女儿已经看见母亲慢慢地朝厂门口走来的身影，从她的表情可以看出，和父亲见过面了。不知什么时候，慕容婉儿又回过头去，见到舒适还站在那里目送着自己。她已经无法分辨昏暗灯光下舒适脸上的表情，只看得见那身蓝布的人民装，想想从香港回来的那段日子，两人分离又重逢的遭际，仿佛就在眼前……

干校生活

与慕容婉儿相见的三天之后，舒适就与上影厂所有的"牛鬼蛇神"一起，被遣送到了奉贤五七干校，修路、种田、喂猪，只要是强体力劳动，都有他的份。面对荒芜的土地和一望无际的大海，舒适不由想起 1950 年代中后期反右扩大化阶段的遭遇，想起自导自演的《林冲》中遭高俅和陆谦陷害被发配沧州的林教头。他苦笑了下，算算寄予希望的未来 30 年只过了三分之一，自己也成了被发配的林冲，而不是运动健将。

眼望干校一派天苍苍野茫茫风吹芦苇唰唰响的景象，舒适对妻子的惦念要超过对自己前途的担忧。他多么希望，身患绝症的慕容婉儿能够好起来，哪怕有丝毫的康复迹象。如果在干校多劳动几年能换取妻子的健康，他心甘情愿……

于是，京剧《野猪林》中的一大段《大雪飘》不由漫上心头：

大雪飘，扑人面，朔风阵阵透骨寒。彤云低锁山河暗，疏林冷落尽凋残。往事萦怀难派遣，荒村沽酒慰愁烦。望家乡，去路远，别妻千里音书断，关山阻隔两心悬。讲什么雄心欲把星河挽，空怀雪刃未除奸，叹英雄生死别遭危难。俺林冲自被奸佞陷害，流困沧州，在这牢城营中充当一名军卒，看守大军草料。唉！思想往事，怎不叫人痛恨！

问苍天，万里关山何日返？问苍天，缺月儿何时再团圆？问苍天，何日里重挥三尺剑？诛尽奸贼庙堂宽，壮怀得舒展，贼头祭龙泉！却为何天颜遍堆愁和怨，天哪，天！莫非你也怕权奸，有口难言？

坐落在奉贤海边的这块地方，美其名曰"五七干校"，其实完全不是培养干部的地方，而是文化艺术界的"牛鬼蛇神"集结地、改造营。电影、出版两大系统以河为界，遥遥相对，当然，出版系统的失意文人肯定认得电影系统的不少好汉和女士，只是与银幕上见到的形象大相径庭，而电影系统的"艺术家"则可能对彼岸的书生一个都不认识。落魄的好汉和书生各据水泊一边，相安无事。

电影系统的"牛鬼"住在"尖刀连"打造的土坯房里，芦苇盖顶、黄泥垒墙，外面下大雪，里面就飘小雪，倒是非常通风，不会觉得气闷。

舒适住的那个草棚被任何情况下都喜欢幽默一下的人私下里称为"皇宫"，因为里面有三个"皇帝"：金焰，电影皇帝；舒适，电影里演过皇帝；还有一个照明车间的韩师傅，人称"土皇帝"。

舒适这个"皇上"身强力壮，挑大粪这种重活累活不在话下，只见他穿着香港回来后人民政府发的那套人民装，已经打了好几处补丁，原本的蓝色也已经褪去不少，拿一根圆铜头的武装带往腰里一束，轻而易举就挑起两大桶粪，走在田埂上，腰背笔挺，动作像教科书一样标准规范。当年和他一起被港督驱逐回来的原天马电影制片厂副厂长齐闻韶个小体弱，只能蹲在田里干些轻活，他的挑担份额就由舒适包了。

金焰这个名副其实的影帝早就没了银幕上的潇洒，患着严重的胃病，不仅瘦，身体还是弯的，像一张弓，如干重活必会立刻散了骨架。他有两样与众不同的装备，一是美国大兵用的鸭绒睡袋，拉链可以一直拉到脖子；还有一件连帽的外套，也是有拉链的。备了这两样东西他就可以保住身上所剩无几的暖气。为了减少一点"不劳而获"的内疚，金焰就尽量发挥自己心灵手巧的特长，拿出一块解放前花了一百大洋买来的金刚石，专门帮同仁们磨刀具，就像现在的"双立人"磨刀杵一样，只要嚓嚓嚓磨四五下，镰刀就变得飞快。他还发明创造，用竹子做成一些夹具，大家就可以把脚边一头的被子夹住，寒流钻不进来，尤其像舒适这样身材高大的人，脚就可以伸直了。否则，长度不够的棉被难以抵御夜晚的严寒。金焰还做了一些小榔头、小刀什么的送给舒适，以表示对他为大家干重体力活的感谢。

望着消瘦到一个境界的金焰，舒适百感交集，想想自己能够走上演艺道路，正是因为认识了金焰和刘琼。那是几十年前的事了，那时候的电影皇帝金焰多么生气勃勃！这个当年引领自己踏进演艺圈的大哥、孙瑜导演的《大路》中健康阳光的帅小伙、解放后上影演员剧团的第一任团长，如今竟然成为一个弱不禁风的"病鬼"，而自己也不过是一头勇挑粪担的"壮牛"，真是世事难料啊。不过，如果能再选择一次，舒适依然会无怨无悔地走这条路！

那么，这些陈年往事难道也要写在交代或者揭发材料里吗？有何意义？自己演的那些话剧或者电影作品难道真的全部都是毒草吗？舒适做出了坚决否定的回答。他不会像在《红日》里演沈振新军长的张伐那样，与工宣队对骂；也不会像在《南征北战》里演敌军参谋长的白穆那样，无所顾忌地和工宣队对拍桌子；但是他绝不会低下高贵的头，违心地承认自己没有做过的事情。

有一天，舒适收到了妹妹托工友悄悄带来的棉鞋。过了几天，又收到慕容婉儿为他做的棉袜子，因为她知道奉贤海边特别冷，单单一双棉鞋还不足以御寒。舒适拿出棉袜子的时候，觉得沉甸甸的，还闻到里面有一股香喷喷的味道。原来，袜子里有一袋掺着芝麻、白糖的炒麦粉，这是那个年月珍贵的奢侈品啊！舒适不好意思独自品尝，便分给大家共享，这也是他一贯的做派。想不到，有人为了表现积极，揭发说这是舒适为了堵住他的嘴，叫他攻守同盟，不要交代问题。舒适哭笑不得，只好摇头、无语。一名工宣队员气急败坏地冲进房间，喝斥说："你这个狗特务，自己不交代问题，还攻守同盟！"上来就是一记耳光，打得舒适猝不及防。舒适气愤至极，他本有京剧功底，身体又好，在牛棚里也没停止锻炼。所以，当工宣队员第二次挥手上来时，舒适眼疾手快一把抓住他的手腕，工宣队员痛得蹲了下去，哇哇乱叫。舒适立刻意识到使力太猛，马上松手，态度诚恳地用上海话对他说："侬是来让我交代问题的，谢谢侬勿要打我好哦？"工宣队员甩着手腕灰溜溜地跑了，这事不了了之。目击这一幕的"老牛"们不禁对舒适竖起了大拇指，也是替他们出了一口恶气。刘琼重重地用拇指敲了敲桌子，朝老友阿舒笑笑，两腮泛起如年轮般的笑纹。而那些工宣队也好，造反派也好，从此再也不敢对舒适动手动脚。

珍贵亲情

与此同时，慕容婉儿的病情又加重了几分。这时候去医院看病已经免除了对着毛泽东像鞠躬请罪的繁文缛节，家人就带她去肿瘤医院就诊。

过了很长时间，医生出来了，在告知慕容婉儿病况时，为了照顾她的情绪，关键词都用英语，以为她不懂，怎知她竟是上海电影译制厂的英语翻译啊！当然，慕容婉儿毕竟对医疗方面的一些术语不熟悉，就悄悄问："医生说的 CA 是什么啊？"家人知道瞒不住她，只好实话实说，CA 就是肿瘤，而且是恶性的……晚期……慕容婉儿尽管对自己的病情早已了然于胸，但是听到医生这么下结论，还是心头一震。

家人问她，能不能配合医院治疗？慕容婉儿说："我一定配合，因为我还要等着阿舒出来。"可见，能再见到舒适是她的盼头。于是，医生决定采用超强的放射治疗，问："能接受吗？"回答是"能的"。

由于慕容婉儿的淋巴循环系统被癌细胞堵塞，手臂就肿了，时间一久便溃烂，直流脓水。做完三个疗程后，医生不肯再做，病情也未见改善，胃口却倒了。慕容婉儿吩咐舒适的小弟弟舒昌言去菜场买点咸白菜回来，洗干净，切切小，作为一天三顿喝粥时的小菜。她拿出麦乳精等营养品，交给舒昌言，劝他增加营养，说是这段日子服侍她，累了，身体要紧。可舒昌言也情绪不好，如何吃得下，只是益发感受到嫂子对他的关爱……

　　慕容婉儿在上海的妹妹也很着急，每每下班后赶来探访，为了让她胃口好一点，想方设法买来各种食品。外甥女为了给她弄姜糖水暖身，晚上八九点钟去一家家关了门的小饭馆讨要姜块。

　　舒适的弟弟妹妹们见放疗也治不好嫂嫂的病，就病急乱投医，请了一个气功师。开始似乎有点效果，只要一发功，慕容婉儿的嘴唇就有了血色。后来听说气功治疗癌症反而有害，就不敢继续下去了。那就打针，可是医院里一个病友对慕容婉儿说，你这个针剂里有雄性激素，打多了嗓音会变粗，吓得她再也不敢打了。老母鸡也不敢吃，因为都说鸡是热性的，吃了对癌症病人不利。渐渐地，慕容婉儿的身体一日不如一日……

　　慕容婉儿知道自己来日无多了，但她还是一心惦记着干校里的舒适，把平时几乎不用的食用油积攒下来，和舒适喜欢吃的糖一起储藏在柜子里，然后就是翻看日历，期盼节假日会放他回来一趟。可是，还没等到那一天，她连下床都困难了。

　　舒适最小的妹妹舒昌静从生产组的小姐妹那里得到一个"秘方"，说可以试试把癞蛤蟆的皮敷在患处。她就到花鸟商店去买，五分钱一只。她很害怕这个滑腻腻的癞蛤蟆，就叫舒昌言动手处理，把皮剥下来，贴在慕容婉儿的病灶处。慕容婉儿发烫的皮肤接触到凉性的癞蛤蟆皮后，感觉挺舒服，但是不可能有任何疗效。

　　因为舒昌言和舒适一样，当然也是国民党将军的儿子，属于"不可教育好的子女"，医学院里的工宣队办了学习班，逼迫他跟家庭、跟舒适和慕容婉儿划清界线。舒昌言说："这不行，怎么样才叫划清界线？人都病成这样了，你们也要有点人道主义，毛主席都说要发扬革命人道主义精神嘛！"

　　工宣队见舒昌言冥顽不灵，软硬不吃，一心想"带着花岗岩脑袋去见上帝"，就威胁说让他毕业后去西藏。谁知他还是不怕，义正词严地说："可以的，支持边疆建设、建设新西藏是很光荣的事情，我会去的。到时候你准备好敲锣打鼓来送我出发！"

　　学习班学习结束，舒昌言回到家后就充满感情地对慕容婉儿说："三嫂，你不用担心我，我反正已经是'不可教育好的子女'，命运也早已决定了，将来毕业一定是分配去西藏这种最艰苦的地方。所以，现在我会照顾好你。生活、护理，全部我来承担。"

　　舒昌言为什么会对嫂子慕容婉儿这么尽心？因为在他心里，舒适和慕容婉儿既是他的三哥、三嫂，又如同他的父母。这个舒适的同父异母小弟弟，比舒适的女儿还小一岁，比舒适的儿子大一岁，他从小几乎就是舒适和慕容婉儿带大的，所以他对三哥三嫂满怀着感恩之情。

慕容婉儿对舒适的这个小弟弟确实很照顾，从香港回来后，见他头发又长又乱，简直快认不出了，便拉着他去理发店剃头。每星期帮他洗一次手，因为他的手上的皮肤像鱼鳞一样，粗糙开裂。慕容婉儿给他搽上肥皂，用软刷子轻轻地刷干净，再抹上蛤蜊油或者甘油。还不断给他买东西，帽子、围巾，过一阵子找不到了，再买。

上大学的时候，每当星期六，舒昌言放学后总是先到三哥三嫂租住的南昌路302号14室去。如果舒适外出拍电影去了，慕容婉儿就会带他去淮海路上的蓝村（思南路口）或天鹅阁（东湖路口），吃五元一客的德国牛排，自己吃面包、色拉。看着舒昌言一点点把牛排消灭，她笑了。回家后，慕容婉儿拿出新买的线袜递给舒昌言，舒昌言一看，又是加了层手工做的底，这已经不是第一次了。

望着三嫂，舒昌言真想喊一声"妈妈"，可是他什么也没说，只把感激悄悄埋

从香港回来后，舒适（左二）、慕容婉儿和妹妹舒昌静（左一）、儿子（前左）、小弟弟舒昌言（前右）、女儿（右）在舒家弄老房子合影，篱笆后是舒家的蔬菜地

在心里。他的记忆里存满了这些温馨的片段，觉得这是他上辈子修来的。

后来舒适被关押时，一度停止了他的所有收入。"皇上"龙颜大怒，说："我一个儿子、一个弟弟都需要抚养的！"但是在那个年月，道理无处可讲。慕容婉儿对舒昌言说，她和舒适商定的，只要小弟弟还在读书，就要供养他。所以不能不给舒昌言钱，只能减少些。于是，一个儿子、一个弟弟，各20元生活费。

舒适到了干校以后，有一天，来了两个医学院的工宣队员，说舒昌言将去农村插队落户，要舒适签字，保证弟弟服从分配。他们真的把舒适当成舒昌言的家长了……

所以，面对有养育之恩的嫂子，舒昌言很愿意照顾。

最后一面

最后的三个月，慕容婉儿晚上一会儿疼，一会儿需要热粥，有时候情绪不好还会发脾气。舒昌言理解，这是受病魔折磨导致的反常，嫂子一向温和善良，过去从没见她发过脾气。"我当她是母亲，可以忍受她所有的脾气。"这是舒昌言的原话。

那一天傍晚，姐弟三人围着床上的慕容婉儿，发现她的呼吸已经相当微弱而急促，用氧气瓶也没用，舒昌言觉得情况不妙，就问两个姐姐，要不要去叫三哥回来？慕容婉儿听到了，她竭尽全力说："你们好去喊了呀……"

于是，舒适最小的同父异母妹妹——扎着两条齐肩短辫、天不怕地不怕的舒昌静噔噔噔噔跑了出去。她开始想省点钱，叫一辆当时最小的那种出租车，人称"蛤蟆车"，但是司机说，去奉贤来回油不够。只好到淮海路上叫了辆祥生（强生的前身）出租车，驱车六七十公里朝干校进发。她和司机都不认识那个地方，只能边打听边朝那个方向开……

这天，舒适在干校和往常一样干完一天的活，本来可以收工了，但他不愿意被关在屋子里，想尽量在广阔天地里多待一会儿，活动活动筋骨，呼吸呼吸新鲜空气，就要求再劳动一会儿。工宣队员说，人家收工你也收，不可以单独行动。舒适想了想说："我去洗农具总可以吧？"工宣队员总算点了点头。舒适就把所有的农具都拿到东海海滩边，用海水一遍又一遍地洗清。他觉得，多劳动对自己的身体有好处，尽管寒冷刺骨，但是吹吹海风心情会舒畅很多。不料，回到"牛棚"后发现，自己的一块劳力士表不见了，遍寻不着。这块表还是当年从香港带回来的唯一值钱东西呢！估计丢到海里了。这可是个不祥之兆，舒适忽然有点心神不定起来……

那天是1970年1月25日，似乎比前几天显得更冷。晚上七八点钟的时候，舒适还在为丢表而沮丧，突然见到小妹妹风风火火闯了进来，后面跟着两个大呼小叫的工宣队员。

舒适马上意识到：家里出事情了！

因为不能朝"牛棚"里瞎闯的，所以工宣队员追上来之后情绪有点激动："侬做啥？"

舒昌静说："三嫂不来事了，阿拉来接三哥回去见一面！"

"不可以。"

"为啥？"

"要避免舒适和你们亲属见面。"

"那么好的，你派造反派坐在我旁边，我保证不和三哥讲一句话，可以哦？"

"不可以！"

"那好，"舒昌静突然凶起来，两眼一瞪，"三嫂已经过不了今晚了，你说不可以，一切后果由你负责！"

那名工宣队员想想不妥，态度软了下来，说要去商量一下，舒昌静便也跟着去。他回到办公室，召集专案组成员一起讨论，这事怎么办？一阵沉默，谁也不说话。上影录音组的卢学瀚当时只有 30 岁，家里是信教的，原名叫卢约翰，为了避免不必要的麻烦，才改名为"学瀚"。心地善良的卢学瀚见无人言语，便不顾一切地说出了自己的看法："舒适定性了没有？即使定了性也应该放他回家，因为共产党的政策是，即便是战犯，也要实行革命的人道主义嘛！如今他爱人病危，让他回家既体现了党的政策，又有利于尽快搞清他的问题……"他这番义正词严、没有半点漏洞的表态得到了多数人的支持，附和的人越来越多，工宣队这才同意让舒适回家一趟。他叫舒昌静先走，他派人和舒适一起随后跟来。舒昌静见不似有假，便先行一步。

舒适正在房间里心急如焚，如坐针毡，工宣队员笃悠悠地来了，通知他可以马上回去，但是明天中午必须赶回来，否则后果自负。这时候，舒适压抑在心中的一股无名烈火一下子蹿了上来，火山爆发一般吼道："过了这么久，你们还没有把我的问题搞清楚，今天你不把我的事情讲明白，我不回去！"众人从来没有见过舒适发这么大的火，也没听到过他这么大的嗓门，工宣队员也被震住了。以前经常和舒适一起打篮球的工友立刻劝他："阿舒啊，现在不是发脾气的时候，赶快抓紧时间回去吧，不然就见不到了……"舒适猛然醒悟，像梦游一样被大家边推边扶地走出"牛棚"，钻进已经准备好的一辆军用吉普车，有两个上影厂的工友跟着。舒适一看，都是熟人，情绪稍稍安定了些，一颗心却早已飞到了慕容婉儿身边。

坐在吉普车里的舒适令人想起《红日》里的镜头，那个"张灵甫"是何等的神气、傲然，现在仍然是这张脸，却布满沧桑，且满头白发，已经谢顶……舒适在颠

慕容婉儿娘家全家福，前排右一为慕容婉儿，二排右二为婉儿妹妹钱美丽，后排中为舒适
儿子

舒适、慕容婉儿和家人等

簸的车里发愣，他无法想象妻子此时此刻的情状，1944年12月21日那天妻子生儿子大出血命悬一线的事情便不知不觉跳了出来。

现在，相似的一幕又再现了。不，这一次情况要严重得多，极有可能就是生死之别……

大概晚上九点多钟，吉普车在南昌大楼前戛然而止，舒适从沉思中惊醒。因为大楼电梯已停运，要乘电梯需到大楼门卫值班处叫人来开，他等不及了，以最快的速度跑上楼，闯进久违的家中，两名押解人员也尾随而入。只见慕容婉儿直挺挺躺在床上，目光已经呆滞。"婉儿！婉儿！"在舒适的大声呼唤下，她才微微睁开原本那么美丽的双眼，见到穿着打满补丁的棉衣的舒适，脸上出现了一丝笑容，好像还说了什么，可是声音太弱，站在后边的押解人员几乎听不见她的话。可是舒适听懂了，她说的是：不想看见他被人押解回来。见到慕容婉儿气息奄奄的样子，两位押解人员起了恻隐之心，他们知趣地退到厨房间，又意识到，在旁边监视确实不合适，也没必要，他们了解舒适是个讲义气、重感情的人，不会做出不合规矩之事，就悄悄地把舒适叫出来，和他约法三章："阿舒啊，可不能自杀和逃走啊！否则我们没法交代，如果还想参加追悼会，那么我们再请示领导……"舒适不停地点头，说："我这个人说话算数的，你们放心好了！"

夜越来越深，天越来越冷。为了能让慕容婉儿在这个世界上多停留一会儿，舒适的弟妹把那位气功师也请来了，过一会儿就捏住慕容婉儿的脚发功，好让她振奋一下精神，她的脸上立刻泛起一点血色。气功师吩咐舒适的两个妹妹检查一下慕容婉儿的耳朵，如果朝上吊起来，就说明情况不好了。两个妹妹把嫂子鬓边的头发撩起来看看，好像觉得耳朵是有点异样，立刻万分惶恐不安。

两个妹妹想，就让哥哥和嫂嫂单独说说话吧，这么多人在旁边，他们之间的有些话是无法说的，便告退回家了，只留下舒昌言陪着哥哥、嫂嫂，因为他是半个医生，发生意外情况需要他紧急处理。

慕容婉儿一直在说，声音一会儿响一会儿轻，有时候只有两片嘴唇在动，但舒适明白她表达的意思。慕容婉儿累了就闭一会儿眼睛，眼角悄悄爬出一滴热泪。舒适不由悲从中来，他尽量克制住，但仍抽泣了一声。慕容婉儿听到了，睁开眼睛，艰难地举起肿大的手臂，想抹去舒适眼中的热泪，但是还没碰到舒适的脸，就撑不住了，昏睡过去。在一旁困得昏昏沉沉的舒昌言赶紧一跃而起，在嫂子嘴上垫块纱布，进行人工呼吸。于是，慕容婉儿又从死神手里被夺了回来。

如此这般重复了两三次，筋疲力尽的舒昌言不一会儿又打起了瞌睡，只模模糊糊地听到嫂子断断续续的声音，"以后要跟两个孩子生活在一起；再困难也要拿出钱来资助这个小弟弟完成学业，照顾好他……"

慕容婉儿不时朝墙上的钟看，仿佛是在计算自己还有多少时间可以留在人间，要么就是在考虑舒适还有多少时间可以留在她身边。夫妇俩聊一会儿，睡一会儿，其实都是慕容婉儿在说，舒适紧紧握着妻子的手，仔细辨别着她越来越低弱的声音，然后慕容婉儿就累得睡着了，舒适一分一秒都不敢合眼，也丝毫没有睡意。

大约凌晨五点的时候，慕容婉儿忽然醒了，长长地叹了口气，像一个正常人那样说道："这一晚我睡倒睡得蛮好。"其实她也就睡了十几二十分钟，却好像睡了整整一夜。可能见到舒适还在身边，她心里一块石头放下了，感到了极大的满足。

慕容婉儿就在说了这句话不久，突然呼吸又急促起来，当舒昌言又一次要从地上跳起来抢救时，舒适一下子将小弟弟按住，痛哭起来，说："不要做了，让她……走吧……"这时候，只听慕容婉儿轻轻地却很清晰地讲了一句话："看来人死也不过如此……"从此，她真的睡过去了，再也没有醒来。

舒适紧贴着慕容婉儿尚未冷却的脸，紧抱着她尚未冷却的身体，伤心欲绝："30年，30年，就这么结束了……"

舒适擦干泪水，望着床上慕容婉儿那张如同睡着一般的脸，实在不敢也不愿相信她永远不会再醒来，刚才还在和他说着话，就这么一刹那阴阳两隔了？生命难道真的这么脆弱吗？

第二天一早，不安了一夜的舒昌静魂不守舍地就要去看三嫂，像往常一样，围了条大红的羊毛围巾。爱人提醒她，你今天就不要围大红的围巾了……舒昌静猛地一激灵，立刻换了条黑底小红点的。她忐忑不安地到了那里，在南昌大楼下面就感到了某种异样。上了楼，只见三哥舒适正站在门口，对她点了点头，看似平静地说："走了……"舒昌静尽管有点思想准备，听到哥哥的话，心头还是一紧，泪水不由自主地涌出了眼眶。

能来的亲戚都来了。舒适的弟妹们为慕容婉儿擦洗干净后，给她穿上了一件衬衫。这是一件很大的白衬衫，瘦弱的慕容婉儿生前根本不能穿，现在却正合适。脖子上围一条白丝巾，就是她去上影厂与舒适见面那次用过的。外面再穿一件她生前最喜欢的大衣。脚上是久违的皮鞋。那时候他们不懂，皮鞋是不能火化的。

慕容婉儿的遗体被运走了。舒适的儿子得到消息后急匆匆骑着自行车从农村赶了回来。舒适一把握住儿子的手，嘱咐他和其他家人一起处理后事。儿子问要不要把姐姐从北京叫回来？舒适长长地叹了口气说："不要了。回来干什么？看活人还是死人？死人看不见，活人也马上要走了，都看不见！你们处理好后事之后，详细写封信告诉她吧……"跟着舒适一起从干校回来的那两个工友来了，问舒适："怎么样？"舒适说："我就跟你们一起回干校吧。"舒适的表情依然很平静，但从他沙哑的嗓音可以感觉到，他正顽强地克制着内心的悲痛，他不愿意把柔弱无助的一面暴露在别人面前。

没有开追悼会，但是亲人们还是要举行一个遗体告别仪式，否则感情上实在无法接受。

舒适在上海的家人告别了慕容婉儿。干校的工宣队不放舒适回来，理由是他们夫妇已经见过面，现在人没了，再回来也没啥意思……遗像只能用一张放大的报名照代替，因为烫头发的肖像照被认为是"四旧"，不准用。

没有隆重的仪式，连花圈也没有。舒适原本喜欢摄影，可是照相机在抄家时被拿走了。儿子的女朋友急匆匆回去，通过楼上的邻居向彭小莲（第五代导演）家借了一台，拍下一张慕容婉儿躺在石板上的遗照。

骨灰也没有留下，因为舒适向舒昌言交代过："省得麻烦，骨灰就不要留了，就让她安安静静地走吧……"对舒昌言而言，舒适在舒家是绝对的权威，他的话无异于圣旨，弟妹们都不敢也不愿违背他的旨意。其实，当时的舒适伤心至极、心灰意冷，不要慕容婉儿的骨灰并非他的本意。后来1975年的时候，舒适突然问起："慕容婉儿的骨灰是怎么处理的？"舒昌言一愣，回答说："你怎么交待，我就怎么处理的啊，大家也都没意见……"舒适沉浸在自己的思路中，还没有回过神来，"骨灰能不能拿回来落葬啊？"舒昌言心里咯噔一下，很难过，他后悔当时不折不扣地按照舒适的话办，没有留下嫂子的骨灰，这成为他这辈子最大的遗憾。舒适明白了，他是个大度的人，自然不会责怪小弟弟，说："那就算了。"可是舒昌言听了，心里越发不是滋味。

舒昌言从医学院毕业，将去西藏支边时，舒适让他把自己的那条鸭绒被子带着，还有父亲留下的一只樟木箱和一只皮箱，说这都是那个晚上慕容婉儿特地关照的，因为西藏太冷，放绒线衫和毛料衣服需要一只大箱子。于是，这两只盛满亲人情义的箱子跟着舒昌言周游全国，至今还像文物一样被他保留着。

舒昌言离开上海时，舒适已经可以偶尔请假回来一趟，得以专程去火车站送行；舒昌言结婚回上海，"文革"已经结束，舒适又去火车站把他接回。对这个最小的弟弟，舒适和慕容婉儿可以说做到了无微不至的关怀，所以，对三哥、三嫂的恩情，舒昌言没齿不忘。

第七章

冬去春来

噩梦醒来是早晨，严冬过去了，春天显得格外美好——
他终于迎来了舒心日子，得以呼吸自由的空气，从干校的
"走读生"到技工学校的火头军，再到招收新演员的面试官，
还要组建老年篮球队，昨天那荒唐的一切仿佛从未发生过。
他艰难地从丧妻之痛中走出，与同样属龙的凤凰小妹妹重组
家庭，养鸟请客，尽情品尝新生活的欢乐。

严冬将逝

慕容婉儿过世一年多之后，对舒适的看管就有点松动了。他和很多人一样，每
个月至少可以从干校回一趟上海，呼吸一下自由的空气。舒适幽默地自称"走读
生"。在干校情况也好多了，舒适本来人缘就好，只是在对他立案调查的那些日子
里，一些明哲保身的胆小之人不敢继续和他交往，甚至在路上相遇也尽量回避，装
作不认识。遇到这种情况，耿直的舒适非常生气，也非常难过，因为他实在无法理
解，明明相熟的人，而且同在一个演员剧团，以前还在一起演过戏，怎么可以装作
不认识？这就叫划清界线啊！他就不可能这么做，在干校浴室里遇到被打成"五一
六分子"的杨在葆，别人避之唯恐不及，他却马上挥手招呼。在舒适的心中，只要
是相识的、有过一面之交的，情感之链不会因为政治运动或个人的遭际改变而断
裂。形势再严峻，"狭路相逢"时，即便有第三者，他也一如既往地朝对方点头微
笑，这种善意的姿态里含有太多的潜台词——保重、当心，更有着骨子里对当时
"主流语境"的否定。杨在葆非常珍视这一点，认为这就是舒适的人格魅力，体现
了他的可贵人品。

舒适是属于那种天不怕地不怕的性格，他尊奉的信条就是"不做亏心事，不怕
鬼敲门"。在干校里耕地、种菜的时候，一个工宣队员在一边"插蜡烛"，当甩手掌
柜，舒适就朝他下巴一抬："侬哪能不动手啦？""老牛"们很替他捏把汗，"阿舒，

你不要命了，怎么敢这么跟工宣队讲话啊！"舒适脖子一梗，"哪能啦？我就这么说，大家都在劳动，他为啥不能动动手！"可能舒适是个一贯的劳动积极分子，工宣队对他最为欣赏，经常称赞他，所以遭他抢白居然也只是呵呵一笑。

食堂里的一个造反队队员也和舒适关系不错，知道他干活特别卖力，便总是挑最大的一块大排骨给他吃，一边还要和他开玩笑，脑袋靠近端饭菜的小窗口，尽量凑近他，悄悄地以欣赏的口气说："侬小妹妹老凶的嘛！"就是指那晚舒昌静冲到干校把舒适叫回去与慕容婉儿见最后一面那次，这个段子早已成为干校里大家口耳相传的小道，再加上每个人自己发挥的细节，变得更加有声有色，但基本主题是一致的，这就是为舒家小妹战胜专案组和工宣队而欢欣鼓舞。每当这种时候，舒适就会暗暗心生感激，体味到一个人落难之时最能感受到人性的美好和丑陋。舒适精神上越来越放松了，喜欢孩子的他，一会儿把黄蜀芹的儿子大圣扛上左肩，一会儿让张雪村的女儿骑在右肩，有时甚至到小卖部买样板戏连环画给小孩看。

后来工宣队撤走了，干校被8341部队的军宣队接管。有一天，军宣队的代表对舒适说："有一箱材料证明你是特务，但是我们要复查，这期间你可以回家。"所谓"可以回家"，当然是指来去可以更自由了，但还不是彻底告别干校。舒适当时觉得奇怪，既然有整整一箱材料证明自己是特务，为什么还能回家？原来，那"有根有据、有模有样"的材料都是伪造的。

舒适当"走读生"，可每次从干校"走读"回来，有点害怕走进自己安静得让人心里发慌的家，所以总是先到离南昌大楼最近的襄阳路上的妹妹舒昌慧家。昌慧妹妹用心良苦，给他准备了《支部生活》《参考消息》等等，让他了解一点时事政治，这些报刊在干校里可是看不到的啊！如果是夏天，昌慧妹妹就替他准备好凉开水、西瓜，让他感受到一点家的温暖。过年的时候，给他买好年货，叫儿子去陪陪他，帮他排遣寂寞，不让他沉浸在悲哀和惆怅之中。可是，这些人为的热闹是暂时的，最终他还是不得不面对孤独的长夜。每当这时，舒适就加倍怀念温柔体贴的慕容婉儿，每每在1月26日那天，会写下对亡妻的纪念……

舒适早就想换一种活法，"走读"为他提供了这样的机会和可能性。有一天，舒适从干校回来，打电话把老球友陈渭源（后来成为古花篮球队的财务）约到红房子西餐馆，请他吃了一顿晚饭。拿起刀叉时，一直沉默着的舒适开口了："阿拉要打球，闷死了！"此话正中陈渭源下怀，他也十八九岁就在八仙桥一带打球了，何尝不想活动活动筋骨。

可是吃到一半，舒适突然叫起来："哦哟不好，我要回去一趟！"原来，他家里煤气炉上正煨着红枣汤呢，以前这可都是慕容婉儿的活！他当即骑着自行车冲回去，把煤气关掉，再回到红房子，与陈渭源商量组队打球的种种细节……

舒适和八叔舒鸿在老宅合影

　　舒适喜欢打篮球，乃至喜欢一切体育运动，无疑是受了他八叔舒鸿的影响。

　　1919年，舒鸿赴美国勤工俭学，在美国春田学院专攻体育教育学，舒适9岁的时候，舒鸿获得美国克拉克大学卫生学硕士学位，之后回到上海，创建了中国第一个裁判员组织——"中华运动裁判会"，专门培养中国裁判，并担任了一年的会长。所以，舒鸿称得上是我国著名的体育教育家和中国体育界的先驱者，更是中国第一批被国际组织认可的国际裁判之一，成为奥运会决赛场上的第一位中国籍裁判，被誉为"奥运篮球第一哨"。

　　1936年8月14日下午，在德国柏林举行的第11届奥运会上，美国队和加拿大队将要举行史上第一场篮球决赛，而这场比赛的主裁判就是舒鸿，这是中国开天辟地的大事。中国第一次派出一支庞大的体育代表团参加这届奥运会，但大都在预赛中就被淘汰，所以舒鸿作为篮球决赛的主裁判出场，无疑为中国人争了光。比赛在露天球场举行，3000名观众情绪激昂，不料突然下起倾盆大雨，红泥球场被浇得一片泥泞。在十分艰苦、困难的情况下，舒鸿用流利的英语、犀利的眼神和精确的判罚令赛事正常进行，双方运动员也心服口服，最后美国队19比8战胜加拿大队获得冠军。比赛结束后，篮球项目的创始人奈·史密斯博士激动地走下看台，与他的学生舒鸿紧紧拥抱，祝贺他成功担任了这场决赛的裁判，为中国人在世界上赢得了荣耀。

　　当时，上海的《申报》《新闻报》，天津的《大公报》等都对这场赛事作了详细报道，中国奥运兵团随团记者冯有真描写了舒鸿担任裁判的情况："裁判一职，由我国教练舒鸿担任，舒氏抵德后，经大会篮球委员会聘为裁判员，屡次执法，铁面

1957年舒适、慕容婉儿和八叔、八婶合影

无私，目光犀利，赏罚分明，极得好评。故决赛一幕，特聘舒氏充任裁判，极为荣誉。"舒鸿的大名从此为国人所知。

那时候的舒适刚刚20岁，高中毕业将要考大学，得知八叔这个振奋人心的消息，激动之余，个子高大、体格健壮的舒适出现在篮球场上的次数就更多了。

至于进了大学之后，舒适作为大学篮球联队队长又认识了经常来他们学校打球的"电影皇帝"金焰和刘琼，则是他演戏和打球两大爱好完美结合的重要机缘，使他得以一步步登上话剧舞台和电影银幕。后来在香港期间，舒适的密友中又多了个打前锋的岑范，他们一起代表香港篮球队打球。追求进步、演话剧、拍电影，然后唱唱戏、打打球，成为这帮年轻人当年的时尚。舒适和同伴们一起，把打篮球的嗜好一直延续到解放后。在上海电影制片厂工作期间，舒适的身份升级为篮球队教练，经常和上影厂附近的一支"五连村篮球队"（中山南二路、天钥桥路、漕溪北路、斜土路之间这块地方当时叫"五连村"）比赛，而"五连村篮球队"中的不少干将后来成了上影厂从事照明、置景、录音的电影工作者，舒适和这些喜欢打篮球的弟兄成为拍肩膀、捶胸脯的莫逆之交，以至于"文革"中受到他们的暗中保护，少吃了不少苦。所以，无论锻炼身体还是结交朋友，舒适都深深体会到打篮球的益处。

于是，1972年左右，按时间算"文革"尚在中期，但实际上大势已去，人们的兴趣开始从"阶级斗争"悄悄转移，寻找逍遥的乐趣。所以，既然"走读生"舒适又有了打球的兴致和可能，他和陈渭源、吴成章等振臂一呼，一帮老球迷就蠢蠢欲动，开始悄悄地联络球员，落实场地，制定规章，选择时间……

有个在英国的老朋友林万里，听说他们要组织篮球队，马上慷慨解囊。渐渐地，赞助者越来越多，有英国的、法国的、美国的、意大利的，还有香港的。这些捐钱的人，主要是冲着"四大天王"的名头：刘琼、舒适、乔奇和岑范，纯粹做好事，从来不看球。

岑范一般负责接待来宾，场场必到。刘琼也每次都来，厂长请他吃饭他不去，就是喜欢和球队的人一起比赛结束之后"吃讲茶"——类似于茶话会，边喝茶边海阔天空瞎聊。这帮人里面甚至包括姚明的父亲，有几次，秦怡也来参加，为清一色的老头子增添了一抹亮色，也让人想起了电影《女篮五号》。

助人为乐

在舒适的心中，每月一次的从干校返沪回家无异于过节，他要好好享受这来之不易的"恩赐"。

乘干校的大卡车回家，在陕西南路下车后，舒适就朝附近的面馆走，因为独身一人，家里不可能有"田螺姑娘"烧好饭等着他去吃，也不能老是去妹妹舒昌慧家打牙祭。店里的伙计早就熟悉了这位大明星，进去不必他开口，就会张罗着给他腾地方、搬椅子，而且知道他想吃什么面。

那时候，凤凰在干校负责管互助基金，每月要到上影厂财务科取一次钱，带回干校，谁需要就借，有了工钱再还，最后她再还回财务科。这样就需要在干校替她设一个保险箱。那个小小的生铁保险箱特别重，军宣队指派拍过《家》等电影的著名导演陈西禾等两个"牛鬼"来帮忙搬，两个斯斯文文的大知识分子如何搬得动？这时候舒适来了，只见他高喊着"别动别动，我来我来"，一个人就把保险箱搬好了。

舒适本就非常乐于助人，更何况对凤凰这个老相识加近邻，出手相助小事一桩。

当年初上银幕就和舒适相遇于电影《李三娘》的凤凰，18岁的时候被柳中亮老板选中，嫁给了他的大儿子柳和锵。柳老板本有病，儿子娶了凤凰后他的病居然渐渐康复，柳家为"冲喜"成功而高兴。五年后，与凤凰联袂主演过电影《丹凤朝阳》的王丹凤又与柳老板的二公子柳和清结婚，与凤凰成为妯娌，柳家喜得"双凤"……一晃多少年过去，当年英俊潇洒的"国华"台柱舒适已是奔六的老头，童星凤凰也早过了不惑之年，本来还可以继续在一起演戏，却不料只能在广阔天地一起改造思想、战天斗地。

每天早晨，舒适喜欢站在"牛棚"的窗口看风景，既可以呼吸新鲜空气，又能瞻望广阔的田野，心情不由一阵舒畅。每当这时候，他的戏瘾就会上来。当然，那时候这些国宝正被当作"封资修"的糟粕而遗弃，还不能扯开嗓门肆无忌惮地唱，因此，他只能在心里默默地哼。他哼的是《空城计》里诸葛亮的一段"西皮慢板"："我本是卧龙岗散淡的人，论阴阳如反掌保定乾坤。先帝爷下南阳御驾三请，联东吴灭曹威鼎足三分。官封到武乡侯执掌帅印，东西征南北剿博古通今。周文王访姜尚周室大振，汉诸葛怎比得前辈的先生。闲无事在敌楼我亮一亮琴音，（笑）哈哈哈，（续唱慢板）我面前缺少个知音的人……"

当他摇头晃脑地默唱到"知音的人"时，忽然想到了爱妻慕容婉儿，不由生出一丝惆怅，便紧紧地闭起了眼睛。其实，这时候文艺圈有不少单身女性想嫁给舒适，个别人甚至像疯了一样，死缠着曾经和舒适、慕容婉儿一起支援浙江电影制片厂的张莺，介绍她和舒适会面。了解舒适的张莺斩钉截铁地打断她的念头，"不可能的！""怎么不可能？""就是不可能。舒适现在什么人都不可能接受，因为慕容婉儿刚走不久，感情上还没缓过来！"无奈，那位女士只好偃旗息鼓。

这时候，很大一部分人已经可以脱离干校回上海工作了，凤凰就是其中之一。

但是，回上海的这些人还不能马上进上影厂，要先去工厂接受工人阶级再教育。凤凰和朱莎等人进了一家翻砂厂，穿上那种厚石棉布的工作服，在原料车间拉车。当凤凰和工人一起出去野营拉练回来的时候，听到工人们都在传说，她要被调回去了。无风不起浪，真的是要把凤凰调到干校去当干部。曾经和凤凰在干校同住一室的一位青年演员知道点内情，力劝她不要去干校就职。当时上影演员剧团的党支部书记铁牛也训她，其实是爱护她："谁叫你去干校的？马上到剧团报到！"于是，凤凰就比舒适先恢复了上影演员的身份。

五七干校里剩下的一帮"残渣余孽""顽固分子"被合并成老九连，男同胞占据了一个大土房，用芦苇一隔为二，这一间是赵丹、白穆、张骏祥、艾明之、李康尔、沈殿冰、张伐、史原、徐秀山，还有陈其五的秘书刘耀宗。舒适和沈浮、瞿白音、顾也鲁、凌云、梁波罗、史久峰、曹颖平、吴德威、杨华、李长弓、潘奔、李洪辛住另一间。彼此都清清楚楚听得见讲话的声音，毫无秘密，好在"文革"已是强弩之末，人们不需要互相提防什么了。

凤凰的丈夫柳和锵早在运动初期就因故去世，留下凤凰和儿子相依为命。那时，凤凰的一个儿子生了肝炎，需要多吃黑鱼补充营养。她知道干校这边虽然靠海，淡水鱼的品种也很多，就托舒适回家的时候顺便给她带几条。于是，舒适只要有机会回上海，就不会忘记带黑鱼，而且先人后己，每次都是先把鱼送到凤凰家，再回自己家。

为了新人

上影厂的艺术家们终于干净、全部、彻底地和奉贤五七干校"拜拜"了，舒适也回了上海，可是对他的"审查"并没有明确结论。出了农村，他也又进了工厂，继续劳动，每天骑着自行车，像工人那样上班、下班，心情倒愉快了很多。下班的时候，他常常会经过凤凰家的窗口，凤凰只要听到熟悉的铃声，就知道舒适回来了。

1973 年的时候，上影厂可能意识到电影制作队伍已经青黄不接，虽然还没有大规模拍电影，但必须未雨绸缪，培养年轻一代，便办起了技工学校，招了 100 名学生，分成两个置景班、两个照明班。这帮刚刚从上海各个中学走出的年轻人，电影行业对他们而言充满了神秘感，他们为自己吉星高照能够进入这个艺术的殿堂而欢欣鼓舞。当他们像小鸟一样叽叽喳喳欢叫着跨入大木桥路 41 号大门——解放前"国泰""大同"的地盘，解放后成为国营联合电影制片厂的第三摄影场——一片破败的景象展现在面前，除了一排灰瓦白墙的平房、一个破破烂烂的陈旧小摄影棚，就是一大片空地。看守门房的是位黑黑瘦瘦的干瘪老头，戴顶压发帽，眼窝深深地凹进去，小眼睛倒挺有神，打量着这帮年轻人，沉默着。后来有知情者悄悄透露，他是钱千里——那不是拍过《十字街头》《马路天使》等电影的著名演员嘛！学生们不由感慨起来：大明星为我们看门，有意思！

再走进去，只见一位谢顶的白发老者，红光满面，胸前围着粗白布的围兜，正弯着腰在室外一个水泥砌成的大水池里洗菜、淘米，侧面看过去，活脱就是"白求恩大夫"。有人远远地朝着他指指点点，轻声议论："舒适、舒适……"啊，那不就是《红日》里的张灵甫嘛！这帮学生没看过《清宫秘史》，只知道《红日》。原来，舒适已经从工厂被召回，到上影技工学校为学生们当火头军了。还有几位正在厨房忙碌的，经老师一一介绍，不由吓一跳：瘦瘦的，也戴顶压发帽的名叫贺路——上官云珠的导演丈夫；黑黑胖胖戴副眼镜的那是于杰，也是导演；还有一位戴黑边眼镜斯斯文文的则是杨师愈——他们的头。这下学生们更感慨了：大明星、大艺术家为我们烧饭，太有意思了！

那时候，技工学校里也有派驻的工宣队，但已经没有阶级斗争的火药味了，所以也就成了瞎子点灯——白费蜡，那一男一女两个和蔼的工人师傅和原是上影演员、编剧、美工、照明、置景的教职员工在一起，更像同事，而不是来上层建筑的占领者。每天，只见舒适在厨房忙进忙出，也不多言，但偶尔听到他说话，只觉充满了胸腔共鸣音，声若洪钟。学生们和体育老师一起，自己动手把个操场整治得平平整整，画一圈白线，竖起两个篮球架，就可以打球了。奇怪的是，酷爱打篮球的舒适一次也没有和学生赛过球，顶多站在厨房门口，朝篮球场这边张望几眼。也许，他觉得这时候只该在厨房忙碌，而不能在自己单位的球场上出风头，毕竟还有工宣队，一举一动都要三思而后行。但是从他的神态不难看出，他是多么想来玩一把啊！

那个破摄影棚里，正在搭一堂布景，说是要拍彩色版的《渡江侦察记》，学生们等候着想见到孙道临、康泰等明星，后来才知道，他们都老了，演员全部换成了新人。舒适从摄影棚门前经过的时候，身板笔挺，头不朝那个方向转一下，好像拍戏的事情跟他一点关系也没有，也没兴趣关心。可是，正在摄影棚门前转悠的几个学生，就把视线和焦点都对准了舒适，直到他走出大木桥路41号的大门为止。

又过了一段日子，技工学校的学生快要毕业的时候，厨房里已经见不到"白求恩"了。原来，文艺的春天即将来临，遭寒冬摧残的田地需要重新播种，在上影演员剧团支部书记铁牛带领下，舒适和孙景路、张庆芬、王丹凤、武文璞、朱曼芳、吴鲁生、王静安以及两个工宣队员等一干人分成几个小组，去了工厂、农村、部队，到各行各业物色可以培养电影演员的新苗。

有一天，舒适背着一只包，骑着他那辆老旧的自行车，来到上海海运局和朱曼芳会合。朱曼芳一见舒适骑着"老坦克"丁零当啷地到了，就尊敬地称他一声"舒伯伯"，他居然回敬她"朱阿姨"。朱曼芳先是一愣，随即笑了，她知道，舒伯伯是

舒适从海运局挑来的年轻人何麟（左）第一次上银幕

从来不论资排辈的，对晚辈一律平等对待。他们敲开海运局党委办公室的门，请领导推荐几个粗犷一点、符合工农兵形象气质、比较朴实的年轻人。海运局的党委和人事部门研究一番以后，把几个精心挑选的小伙子推到他们面前。舒适和朱曼芳觉得他们形象都还不错，就叫他们先各自朗诵一段。未经语言能力训练的小伙子们普通话尚有不少毛病，更谈不上表演，然而舒适和朱曼芳在其中一位身上发现了可以培养的潜质，便请他到上影演员剧团报到，再给他开小灶辅导表演技巧。这个叫"何麟"的回族青年，从一个一点不会演戏的海员渐渐成长为上影演员剧团的中坚力量，1994 年当上了上影演员剧团的团长——一帮哥们姐们的当家人；后又跨出上影集团大门，成为上海市文联的领导——党组副书记和副主席。

何麟只是出自当时上影演员培训班的青年演员之一，陈冲、郭凯敏、陈烨、王伟平、卢青、张芝华、陈鸿梅、程玉珠、方舟波、闵安琪、薛国平等 24 人就是这样被挑选到上影演员剧团的幸运儿。那时候，大木桥路 41 号一度成为上影演员剧团的大本营，有时候，那里会突然呼啦啦涌进来一大帮人，年轻的大部分不认识，但一个个基本上都称得上帅哥美女，那几个带领他们的都是大明星，而那个"白求恩"不是舒适是谁？只是精神状态完全不一样了，如果说淘米、洗菜的舒适是个和蔼慈祥的老者，那么作为"面试官"之一的舒适便像是胸有乾坤的老教授，也有了点八十万禁军教头的气度。

重建家园

1975 年到了，这是舒适一生中又一个难忘之年。

妻子慕容婉儿过世整整五年了，凤凰的丈夫柳和锵去世则已有十年。舒适和凤凰这两条正好相差 12 岁的龙重组家庭应该是个不错的选择，上影演员剧团有些同仁这样认为，凤凰也有此意，对舒适大哥哥她是一直怀着好感的。

时任上影演员剧团党支部书记的铁牛了解凤凰的心事后，透露了一点官方的风声给她：虽然还没明确为舒适平反，但是可以肯定的是，他已经没什么问题了……这一下，凤凰没任何可担心的了，就加紧了筹备与舒适建立新家的步伐。

这一段日子，舒适的儿女经常会在家里见到喜上眉梢的凤凰阿姨。

当年，舒适与慕容婉儿结婚也没有轰轰烈烈，所以这次在特殊年月里迎来的喜事，更不敢大肆张扬，只宜低调处理。1975 年 3 月 1 日，59 岁的舒适和 47 岁的凤凰这两位相识几十年的老友，终于在组织的批准下走到一起。凤凰带着大白兔奶糖到上影演员剧团分发，抑制不住兴奋地悄悄告诉大家："我要和阿舒结婚了！"张雪村等一听跳了起来，"太好了，好事情啊！祝贺你们！"

舒昌慧帮着三哥舒适给南昌大楼的家换上了新窗帘。双方子女依旧按照原来的习惯,凤凰的孩子称呼舒适"伯伯",舒适的儿女叫凤凰"阿姨"。

也许,舒适不愿意在与慕容婉儿痛苦告别的那间屋子里度过新婚之夜,因而灵机一动,打算采用当时年轻人流行的做法,与凤凰一起去山水甲天下的桂林旅行结婚。演员出身的文学编辑张小玲与舒适、凤凰本是好友,又极其热心,得知这一信息后,自告奋勇写了封信给她在桂林的熟友,嘱咐对方某日某时接站,不得有误。

舒适、凤凰在桂林度蜜月

于是,一头扑进大自然的舒适和凤凰,就像两只很久没有张开自由翅膀的鸟,令人窒息的压抑和不快,在青山绿水之间倏然化解,那些难以理解的荒唐岁月仿佛从来未曾有过,就像一觉醒来,再也记不起噩梦的内容……

从此,舒适的生活有了新的意义,他又恢复了老习惯——拿到工资就请客吃饭,而且喜欢自己掌勺露一手。帮上影技工学校的学生烧的是大锅饭,在家请客他就要弄几个创意菜。舒适和凤凰结婚后,上影的老同事、老朋友纷纷来向他们道喜,舒适的厨艺也大有长进。有一次谢晋去他家做客的时候,舒适就用一道别致的"茶叶熏鲳鱼"招待。据说这是他从西式菜"烟草熏鱼"演变过来的创举,烹制过程相当复杂,先要把鱼洗净,撒上盐,浸在酱油里腌10分钟左右后,煎一下,捞出来沥净,放在一边;再置干净铁锅,放入云雾茶叶,然后在铁锅内放一个铁丝架子,把鱼放在架上,盖上锅盖旺火烧2分钟,再转小火熏10分钟左右。鱼摆在餐盘内后,另外还要配一碟自制的色拉酱作蘸料。

"茶叶熏鲳鱼"端上桌后,茶叶的清香和鱼肉的鲜香交织在一起,扑鼻而来,令谢晋胃口大开,大快朵颐,连赞舒适手艺高超、味道好。两个人都嗓门极大,欢笑声频频从窗口传出。

上世纪 80 年代的舒适

后来舒适和凤凰有了比南昌大楼面积大些的新房子，就在复兴中路上靠近汾阳路的地方，便又有了乔迁之喜。大小家什等自然有大卡车装运，但有些宝贝舒适是不放心交给搬场公司的，他要亲自安排并且指挥搬迁。还在海政文工团的女儿特地回来帮忙，她穿着一身海军军装，显得格外英姿飒爽，见舒适站在那里"指手画脚"，不由笑了起来，"爸爸，你连搬家也像在做导演啊！"

舒适那时候又恢复了对新鲜事物的喜爱，譬如那些电子器材，他怕被损坏，就请上影录音组的哥们徐秀山专门借了辆黄鱼车，吩咐工人小心翼翼地搬到楼下，装上车，由徐秀山慢慢地骑到新家，其中包括当年徐秀山根据他提供的图纸装配的一台视听功放设备。

还有就是舒适视若"心肝宝贝"的那几只宠物鸟，有芙蓉，还有红灯。舒适 40年代就开始养鸟了，是养鸟的资深高手，最多的时候家里有五只鸟，叽叽喳喳欢叫的时候就像小组唱，非常动听。

舒适的宠物鸟

逗鸟

　　而且，舒适的鸟是"自由鸟"。也许自己被禁闭怕了，舒适采取独特的开放式养鸟方式，不把鸟紧紧锁在笼子里，而是让它自由进出。于是常常可以见到这样的奇迹：那只芙蓉鸟一会儿笼里一会儿笼外地扑腾，舒适就坐在沙发上发命令："过来！"芙蓉鸟就会听话地飞到他身上。一次，那只鸟飞出了窗外，他出去找了半天没找到，后来发现它停在马路对面人家花园里的一棵大树上，直接抓是不可能的。舒适就把鸟笼挂到窗子外面，那只鸟在马路对面看见了自己的"家"，可是因为长期家养的缘故，翅膀无力，要长距离飞过马路很吃力。过一会儿，只见它拼足力气扑腾着翅膀，终于飞回了笼子。而且，从此以后它再也不敢飞出去了。

　　舒适常常去逛花鸟市场，看到喜欢的鸟就会买下，一点不心痛花钱，八九十年代一只鸟至少200元，好一点的要400元。买来的幼鸟要自己给它开口，给它喂食。有一只鸟是1990年买来的，舒适和凤凰就叫它"9090"，养了13年。如果有人登门，主人正好在厕所，听不见门铃声，这只鸟就会叫"来了来了"，凤凰一听就知道有人来了，马上去开门。听到舒适拉京胡的声音，这只鸟就会"噔噔噔"地打起节拍。

　　搬到复兴中路新家以后，舒适的鸟族里又多了一只黑色的鹩哥，很会"说话"，没事就会"妈妈、妈妈"地叫。因为舒适本来习惯叫凤凰"慧秀"，后来眼睛看不见后着急了就喜欢叫凤凰"妈妈"，就像小孩讨吃那种心态，"我都叫你妈妈了，你还不理我……"那只鹩哥就这样学会了，而舒适听到它叫"妈妈"，就会条件反射一样更起劲地叫起了凤凰"妈妈"。从此，叫"妈妈"多于叫"慧秀"。那么，到底是鸟学着舒适叫，还是舒适跟着鸟叫，已经搞不清了。

夏秋季节，舒适家里是最热闹的，唱戏的声音、各种鸟叫的声音、弹钢琴的声音，还有"金铃子"的声音……

第八章

大显身手

"文革"结束之后的 20 年是他大显身手的又一个艺术之春,是他电影事业"最后的太阳"。在戏曲电影的拍摄方面,他积累了丰富宝贵的经验,舞剧电影《剑》和黄梅戏电影《龙女》成为他成功运用特技手法的两个案例。他一面拍电影,一面带新人,对晚辈和学生尽心尽力提携,对和他有血缘关系的后代却是另一种态度,教育有之,"后门"紧闭。

《江水滔滔》

舒适终于艰难地走出了失去爱妻的阴影,走出了并非自己造成的人生低谷,迎来艺术上的又一个春天。

年轻时的舒适虽然也导演过不少电影,但还是以表演为主,"文革"之后,他成功转型,明星舒适变成了导演舒适。

1976 年,舒适接受了和赵洪彬联合执导电影《江水滔滔》的任务,异常兴奋,倒不是这部电影如何重要,也不是剧情如何精彩,而是一种久违的感觉、一种失去多时的氛围又回来了。

这部根据同名小说改编的反特故事片,主要塑造了青年水手卢大成这个角色——解放前夕,卢大成和船员们挫败了敌人企图将船劫往台湾的阴谋。解放后,卢大成所在的"解放号"接受了抢险护岸的任务。大副白云飞是潜伏特务,利用工程队长的错误,破坏抢险,企图篡夺船长职权。在工人群众的推举下,卢大成当上了船长,与白云飞展开激烈的斗争,最后终于揪出这个暗藏的敌人,完成了抢险护岸的重任。

舒适看了剧本,就想到了他的忘年交——颇有阳刚之气的杨在葆,觉得他就是青年水手卢大成的最佳人选,但是当时身背"516 分子"罪名的杨在葆还被关着。正为难之际,主创人员去安徽选看外景的时候得到来自上海的消息:杨在葆被放出

舒适（右）导演《江水滔滔》

来了。舒适大喜，心想这真是天助我也，又唯恐他被折磨得脱了形，就派协助他工作的副导演沙洁先去打探一番。说来也巧，女导演沙洁在上影厂与杨在葆不期而遇，便激动地喊了他一声，上下一打量，觉得他比过去壮实，显得更年轻了。原来，杨在葆和舒适一样，被关期间都不忘锻炼身体，这也正是他们俩年龄相差20多岁却会成为好朋友的缘故。

沙洁回来后，如此这般一番解释，舒适听得大笑，"这小子"。他不由想起1963年拍《红日》时，在外景地弄了一个放金铃子的小罐，指着有虫子叫得正欢的几块石头之间，对杨在葆说："你听，那里有个好的！"杨在葆就陪着舒适蹲在那里，一直盯着，瞧见那虫子出来了，杨在葆眼疾手快，一把抓住，放进罐子。舒适乐得像个小孩似的。

"那就叫杨在葆赶快来剧组报到吧！"舒适发出了号令，可是当时上影厂的第一把手江雨声做不了主，只好打报告给时任上海市委书记的徐景贤。徐景贤倒很干脆，说既然放出来了就让他演吧。杨在葆却还心有余悸，舒适就说："你管他？他们还没给你平反呢，你就演一个地下党，先自己给自己平反！"于是，杨在葆就兴高采烈地与张伐、袁岳、温锡莹、康泰等一起上了同一艘船——"解放号"。

《江水滔滔》在安徽的裕溪口拍摄，那是个长江沿岸最大的机械化煤港，又正值酷暑，热得要命。直到今天，杨在葆都还对当年的情形印象深刻——在舰艇上拍戏的时候，太阳火辣辣地晒在甲板上，水泼上去就会发出"嗤"一声响，立刻就被烤干。舒适是导演，但他一点没有导演的架子，不像有的导演那样，一切都要听他的。舒适一般不会刻板地要求演员怎么演，而是放手让演员自己发挥，因为当年他自己就是这么过来的，知道演员临场那点即兴发挥的可贵，如果一招一式都规定死了，拍出来必定显得僵硬。

只见舒适身先士卒，和演员们一起站在大太阳底下，还替杨在葆扇扇子，说："你是主角，拍戏主要靠你，得保持形象。"一天的拍摄任务完成后，舒适脱得只剩一条短裤，和男同胞一起冲凉水澡，毫不特殊。

有一场戏是袁岳用一把巨斧劈开铁锚。由于分量太重，先是几个人一起帮他举起来。可是拍摄的时候，也许几个人没有协调好，举到中途就放手了，剩下袁岳一个人，力气不够，斧子一下子砸下来，人也被带倒在甲板上。所幸斧刃没有对着袁岳身体，否则后果不堪设想。舒适一见，急坏了，大叫起来"哎呀哎呀"，立刻吩咐人手把袁岳送到芜湖的医院去救治。

1976 年的时候，尚在"文革"尾声，创作上受"四人帮"思想的影响还很深，有意无意地还在遵循"三突出"原则。晚上开会讨论拍摄方案时，经常会出现两种截然相反的意见，而且争论不休，谁也说服不了谁。舒适是按照他所理解的艺术逻辑和创作规律拟定的分镜头方案，反对派就不同意，说舒适的套路属于"文艺黑线"的余毒。舒适当然不买账，"啥'文艺黑线'？拍戏就该这样拍，否则就会显得虚假，拍电影怎么可以不真实呢！"但是舒适当时刚刚获得解放，心有余悸，心想，随便你们怎么弄吧，戏拍出来就是胜利！

上影厂领导觉得这样下去会影响拍摄，便派了既不属于"文艺黑线"又不是造反派的高正去《江水滔滔》摄制组，做和事佬，为双方起到调剂和缓冲作用。

最后只能如此解决双方水火不相容的尴尬——那帮人另拉一支队伍，另请一位摄影师，到上海拍其他的镜头。舒适继续在裕溪口拍船上的戏。等到两边都完成后，舒适经过选择，把他们拍的有些镜头再剪辑到一起，倒也看不出有什么不妥。

杨在葆对自己要求高，觉得他在《江水滔滔》里的表演还有点木，可能"文革"中在封闭的环境里时间太久了。舒适却拍拍他的肩膀说："挺好、挺好，你一点没变！"

《江水滔滔》也是何麟的电影处女作，舒适认为他表现不错。于是，上影演员剧团团长铁牛就把何麟还有潘家林正式招进了演员剧团。

不久，"四人帮"粉碎，进影院没几日的《江水滔滔》就被禁止公映，认为这是"四人帮"在台上时拍摄的电影，具有"文革遗风"。

《绿海天涯》

三年后，舒适又接下导演任务——拍摄由叶楠编剧的《绿海天涯》，一部故事发生在少数民族地区的电影。

这个剧本是叶楠按照夏衍的意思创作的。夏衍曾说："一个常书鸿，一个蔡希陶，都是值得我们电影剧作家写一写的。他们是知识分子的典范，都很了不起——一个奋斗在荒无人烟的大漠，一个在西南边陲，与莽莽苍苍的原始森林为伍，为保护这一大片热带雨林默默献身。希望银幕上能出现他们的形象。"叶楠在西双版纳生活了一个月左右，在林区采访了众多林业工作者，了解了蔡希陶在那里的工作和生活状况——他们在极其艰苦的条件下，为保护这片热带雨林贡献了青春，并在那里坚守了一辈子。返回上海后，叶楠的创作激情被触发，只用了一个星期就写出35000余字的电影文学剧本《绿海天涯》：

1934 年，植物研究工作者南林受老师聘请，告别新婚的妻子，从北平跋涉至西南边疆考察。两年后，在独龙族同胞帮助下，南林采集到一批珍贵植物标本，托挑

《绿海天涯》中，吴刚饰演的周恩来和王心刚饰演的南林

艺高德劭百岁公 艺术传评

127

夫送到花城老师处，又只身去西双版纳。途中不幸遭土匪掳掠，冒险逃走，与妻子在花城重逢，才知抗战爆发，生活更为困苦。南林一心想再去西双版纳，妻子便卖掉祖传的古琴，筹集经费，送他重登征程。南林到了热带雨林带，在基诺人阿敏夫妇的帮助下，采集到大量植物标本。不久，基诺人反抗国民党统治，阿敏夫妇不幸遇难。南林带着他们的遗孤敏卡回到花城，获悉妻子因保护植物标本而遇害。解放后，花城建立了植物研究站，南林终于可以一展宏图。他再次去西双版纳，建立毕生向往的人工植物群落试验基地。周总理前往视察，向南林提出新的期望……

夏衍高兴地说："你们要用电影去表现蔡希陶们在林业科学领域里探索的脚印，很有意义！"

上影厂把这部电影列为重点项目，派了庄红胜和史蜀君两位年轻人一起当舒适的副导演。庄红胜毕业于北京电影学院，史蜀君毕业于中央戏剧学院，两位都是高材生，是上影厂准备重点培养的对象。这样两个优秀的年轻人交给舒适带，也可见上影厂当时对舒适的器重。这部电影中，有名有姓的角色有 26 名之多，聚集了王心刚、王馥荔、吴海燕、李康尔、汤化达、朱曼芳、刘怀正、牛犇、吴钢（现在改名吴刚）等知名演员，还有舞蹈家杨丽萍。更重要的是要出现周恩来的形象，由吴钢扮演，这在故事片中也许是第一次。

舒适带着摄制组开拔到澜沧江下游的橄榄坝。这个地方海拔只有 530 米，是西双版纳海拔最低处，气候却最炎热。人们把橄榄坝比作开屏孔雀的尾巴——绚丽多彩，而橄榄坝上布满了美丽富饶的傣族寨子，就像那些装点在孔雀尾巴上闪亮的花斑。

冒着酷热拍摄很艰苦，摄制组每人每天要喝三水瓶的水，但是没有小便，都变成汗水蒸发了，皮肤上泛起一层盐的结晶。为了把影片拍得更真实可信，舒适向一位西双版纳的少数民族猎手药诺请教当地的风土人情和衣着服饰等等细节，还把他聘为"顾问"。药诺万分感动，想不到大名鼎鼎的电影艺术家如此尊敬他，便以更热情的态度回报。临别时，这位勇猛彪悍的猎手紧紧握着舒适的手哭了。

有一场戏需要放当地惯用的竹筒高升，结果把火药装反了，拍摄时，只听"轰"一声，竹筒高升朝着摄影机的方向而来，打到舒适脚上，伤了筋。他居然什么也没说，更无半点抱怨和责怪，只是放权让史蜀君负责拍这场戏。史蜀君觉得心里没底，舒适就鼓励她："没事没事，都布置好了，你放心大胆干吧！"后来见到拍出来效果不错，舒适就更放手了，自己关在房间里做案头工作，现场的拍摄尽量让史蜀君和庄红胜去完成。后来，舒适要史蜀君负责重新写一场戏，史蜀君又惊又喜，知道这是老前辈在向她肩上压担子，给予发挥才华的机会，便更加卖力，不负重托，出色完成任务。

尝试特技

史蜀君就此跟定了舒适，《绿海天涯》之后是舞剧艺术片《剑》，由赵丹的女儿赵青主演，取材于周涛的长诗《剑歌》，讲述古西域地区的一个民间传说：很久以前，古西域某民族安居乐业，铁匠的孙女和王子一见钟情，倾心相爱。后来敌人入侵，王子战败被俘，变节引兵进城，老铁匠也被杀害。姑娘知道真相后，拔剑刺死了盟誓相爱的情人……

《剑》剧照

这部电影的布景基本上都在上影厂的摄影棚内搭建，有一幢"和平王宫"富丽堂皇、气势壮观，墙面、门窗绘着装饰性植物花纹图案，正中两排 14 根象牙色大理石圆柱端庄典雅，一条三公尺宽的紫红色地毯从王座的大理石底阶上一直铺到王宫门口。原先美术师刘藩设计的布景没有这么实，舒适要求电影必须和舞台演出有所区别，要尽量做到真实，刘藩便放弃了原来的构想，从著名画家潘天寿先生的画论得到启发——无虚不能显实，无实不能存虚，采用了虚实相契的手法。仔细一看，那条红地毯并不是真的，而是画出来的，因为真的地毯会有碍于舞蹈。

拍摄时，舒适显得胸有成竹，因为他对这种类似于京剧的舞台艺术片，太有感觉了。他采用了许多特技手法，来表现现实中根本不存在的画面。

譬如影片开头展现故事发生地点的镜头：摄影机对着荒无人烟的戈壁滩和起伏不平的沙丘横扫，最后落在一处绿洲上，绿洲中巍然耸立着一座古老的城堡。这片沙漠景色是在古代"丝绸之路"的张掖地区拍摄的，但是那儿根本没有什么古代的城堡，那么所谓绿洲中的王国只不过是用特技摄影拍摄的幻象而已。舒适和特技组在沙丘与绿洲相连的地方选择了拍摄点，然后在摄影机前设置一块二米左右的单片，上面画有古城堡的全貌，经过真真假假的适当加工和布光，使它恰似坐落在绿洲中。这个想法无疑是取自当年在香港拍摄《清宫秘史》的招式。

在上影五号摄影棚里，同时出现了三个场景：千佛洞、天堂和地狱。这是影片中最富有神秘色彩的戏：美丽的铁匠孙女得知与她相爱的王子已经叛变，便从宫殿逃入千佛洞，受到神像的指责后，又昏昏入睡地飘入天堂，与已死的祖父老铁匠相遇，再飘入地狱，见到无数被敌人残害而死的同胞们的鬼魂。她一下子惊醒过来，终于回到宫殿，在自己的婚礼上刺死王子。

神秘的千佛洞、仙境般的天堂、阴森森的地狱，这三种截然不同的情景和气氛是怎么营造出来的呢？

千佛洞的洞壁上绘有千姿百态的佛像，隐隐约约，仿佛飘然而出。拍摄时运用了很多特技，如活动马斯克和停格拍摄等等，加上在地面施放二氧化碳，一层层白烟渐渐蔓延开来，像是地下冒出的一股股雾气。当六尊佛像见到铁匠孙女进洞之后，忽然由静变动，一个个跳下佛龛。特技师为了营造出神秘莫测的气氛，用四次遮挡的重复曝光使佛像一下变出八只手，并且由小变大，又用定向反射方法使他们的脸随着舞蹈动作不时地变红变绿。为了表现洞窟的阴森可怖和渲染主人公的幻觉效果，试用了当时的特技新工艺——"蓝幕"技术来拍摄大小人。所以影片中可以看到顶天立地的巨大佛像，而主人公铁匠孙女只有他们的三分之一大小，巨佛和渺小的铁匠孙女在同一画面中舞蹈，并步步紧逼，从铁匠孙女头上掠过……

天堂是另一番景色。宽阔的天幕上彩虹飞舞，群云缭绕，用泡沫塑料制成的大雪莲坐落在云雾仙气之中。仙女们翩翩起舞，像柔美的飞天轻飏，如洁白的云朵飘拂，在水银灯射出的各种彩色光线照耀下，老铁匠抱着孙女绕路隐去，一幅神话般的仙境展现在银幕上。

舒适对"地狱"这场戏的艺术处理是动静对比、虚实结合。王国被侵，乡亲们惨死于敌人屠刀之下。舞台上采用鬼魂形式来表现人们处于苦难中，但鬼魂均为实体。舒适要强调采用电影手段，他吩咐美工人员把整个背景做成无边无际的黑色天幕，再让照明工把灯光处理成一闪一闪，仿佛是鬼火在漆黑的地狱中闪烁。死一般的沉寂中忽然跑出许多冤死的鬼魂，围着铁匠孙女在各种青蓝色的光中舞蹈。这是运用特技手段来表现的，用三次以上重复曝光达到虚幻的视觉效果，使众多的鬼魂前后叠加，具有透明感；烟雾弥漫中，只有赵青扮演的主人公铁匠孙女是实体，具有鲜明的色彩。于是，完成后的影片中可以看到：各种鬼魂不时地奔走，忽而冲向镜头，忽而相交而过，忽而从天而降，绕过铁匠孙女。加上背景上不停地闪耀着飘动的火光和升起的缕缕青烟，形成动荡不定的气氛和深不可测的幻觉。这样既符合剧情，又不失其舞蹈的美感，给人以强烈的艺术感染力。

在拍摄现场，舒适一般是善解人意的，很少见他发飙。但是有一天他实在忍不住了。有个演员特别狂傲，在现场不服指挥，"侬哪能啦！"舒适突然发脾气了，脸涨得通红。因为不常见到舒适在大庭广众之下发这么大的火，所以在场者都感到了一种震慑力，那个翘尾巴的演员也就偃旗息鼓，学乖了。当然，事情一过，舒适又和蔼可亲起来，说说笑笑，拍肩膀握手，好像从来没发生过不开心的事情。有几天，他发现一个戴眼镜的人接连三次来摄影棚找录音组的徐秀山，但是徐秀山似乎对来客非常冷淡，爱理不理，这有违他熟悉的徐秀山的待人之道。在拍摄间隙，舒适悄悄问徐秀山："秀山，那人是谁啊？"徐秀山便如此这般把前因后果告诉了舒适。原来那人曾是专案组的组长，在审查徐秀山的时候不很掌握政策，如今特地来向徐师傅赔礼道歉。舒适得知是这么回事便把头凑近徐秀山，轻轻地说："秀山啊，事情翻过去就算了，既然他来赔礼道歉就原谅他吧！"徐秀山听了舒适的话，想想也是，心中的纠结顿时松开，豁然开朗。等那位仁兄再次来到他面前时，他就把舒适开导他的那番话照式照样说了一遍："事情翻过去就算了……"一段多年的恩怨就此烟消云散。

以假乱真

后来舒适拍现代戏曲片《芦花淀》就更有感觉、更轻松了，简直如鱼得水。摄制组到河南外景地的时候刚发生过地震，舒适就尽量让史蜀君在马路中间走，他自己走在街边靠房子的那一边。史蜀君开始不明白，后来恍然大悟，因为还有余震，他怕不安全，所以让女同胞走外边，避免因房屋坍塌而造成危险，显示出一个老艺术家的教养和绅士风度。

由于地震，生活很艰苦，食物奇缺，所幸淡水鱼很新鲜，但只能在白水里煮一下。舒适也不管，就这么吃，见史蜀君等一帮后生诧异，就说："大家都能吃，我为什么不能？挺不错啊，原汁原味，比拍《红日》那会儿好多啦！"在史蜀君眼里，舒适原本该是个公子哥儿，想不到他自我改造得这么彻底。怎么能不脱胎换骨呢？史蜀君如果见到五七干校里挑着两大桶粪的舒适，就不会惊奇或者更惊奇了！

后来到北京拍镜头的时候，舒适幽默地对史蜀君说："小史，我带你到我家看看好吗？"原来他说的是《清宫秘史》中他扮演的光绪皇上的家。在故宫里，舒适当起了导游："这是我的卧室，那是我选妃的大殿……"关键是珍妃被慈禧太后逼着跳的那口井，这让舒适怀念起老搭档、老朋友周璇和"文革"中惨死的妻子慕容婉儿，不由深深地叹了口气。聪明的史蜀君知道他触景生情，游故宫勾起了对往事的回忆。

有时候，摄制组里难免会发生矛盾，驻地的老百姓也会为一些小事发生争吵，年轻的史蜀君好奇心强，想去一看究竟。每当这时候，舒适就会把她一把拉过去，"你去看那些吵架有啥意思啊？"只见他手指窗台，"你来看，这些蚂蚁是怎么搬运

《芦花淀》剧照

东西的。""文革"中他被关在隔离室的时候，就喜欢将一些饭粒放在小窗台上，引诱麻雀飞来啄食，仔细观察越来越多的蚂蚁是怎么搬运的。这是舒适得以暂且忘记现实的纷争和痛苦的方式吗？还是他特别享受其中的乐趣？这是史蜀君当时不可能想明白的问题，但至少，她果然也被这些小蚂蚁吸引了。

1984 年，舒适又导演了一部黄梅戏神话艺术片《龙女》，几乎可以说是他非故事片导演作品中的顶峰。

这部由马兰主演的戏曲片，说的也是中国传统戏曲中很多的人神相爱故事：东海龙王的独生女云花偕侍女珍姑下凡采集鲜果为父祝寿，巧遇赴京赶考的书生姜文玉，两人一见钟情，珍姑也与文玉的书僮文哥相爱。于是，两对情侣相互为媒，许下终身。不料，龙女与凡人私订终身触犯龙规，龙王大怒，令黑蛟将军施展法术，使山洪暴发，欲置文玉于死地。山洪被云花、珍姑阻退，黑蛟又变强盗欲害文玉，被云花赶走。龙王逼云花、珍姑回宫。临别时，云花将宝物玉珊瑚赠与文玉以表深情。云花、珍姑回龙宫后不愿退婚，遂遭酷刑，并被谪贬凡间，幸遇黄丞相搭救，收云花为义女。文玉进京赶考误了考期，但靠着玉珊瑚治愈了皇太后的病，被钦点为状元。热心的黄丞相执意要招文玉为婿，文玉不明真情，意欲不从。黄丞相软磨硬拉，竟将文玉绑进"洞房"。花烛之夜，一对情人近在咫尺，却未能相认。文玉向新娘陈述自己对云花的不渝之情，云花闻言，欣喜万分，最后真相大白，有情人终成眷属。

在《龙女》这部影片中，舒适尽情发挥各种特技表现手法，特技镜头约占总镜头数的七分之一。舒适征求特技专家的意见后，决定用两组特技，由四位同志负责这方面的工作。他吩咐特技部门多拍些外景空镜头，作为资料备用。此外，有演员

《龙女》剧照

表演的外景，只有官船救起龙女和珍姑那不到 10 秒钟的一个镜头，是在杭州西湖边拍的，其余都是搭了布景在摄影棚里完成，包括龙宫门口、龙王小庙、凉亭、水晶宫、刑台、城门口、贡院、皇宫、相府、客房、洞房等大小十余堂景。

有人看了影片后产生疑问："那龙女出水，不是在海边拍的吗？海水总不能假吧！"舒适哈哈一笑："当然不是在海边拍的。"原来，这一组镜头是实景加蓝幕合成的。特技部门根据剧情的需要，预先拍了海景镜头，回来后在特技棚钠光蓝天幕前拍下演员表演，然后再把两组镜头加工合成。还有些如天空飞行等镜头，也是用这个方法拍摄的。至于龙女出水走到岸边唱："却为何不见景色秀，一抹衰黄染田畴……"这个镜头，是特技用玻璃珠银幕拍摄的。演员站在空的银幕前，布好人物光，这光要避免射到银幕上。在演员表演的同时，把预先拍好的海景资料片由正面放映到银幕上去。玻璃珠受到光照就会产生强烈的反光，演员挡住的部分没有反光。摄影机安置在一定的角度，把演员和银幕上反映出来的海景一并拍下，就合成了，演员就像在汹涌的海边表演一样。舒适又想起在香港拍的《清宫秘史》，拍法有点类似。女主角马兰说："我长到这么大，还没到过海边呢！"她万万没想到的是，拍完这部有大海背景的《龙女》，仍旧没有到过真的海边。舒适又笑了起来，对大失所望的马兰深表同情。

舒适对上影厂的工作人员肃然起敬，觉得他们一个个都是绝顶聪明之人，会想出各种各样的办法，来达到导演提出的"不讲理"要求。譬如拍摄洞房栏杆外的池塘、送别的码头边，这两堂景都是在摄影棚里拍的。美术部门在棚里筑起一尺多高的围坝，形成一个四周不漏水的池子，然后注水入池，在水中再加上些深色的颜料，以致这个池子看上去"深不见底"。然后特制了一条船，船底下装有四个轮子，叫它"船车"也许更确切，采用陆地行舟的方法，让它在仅有一尺深的水中"行

《龙女》登上1984年第二期《上影画报》封面

驶"。镜头里观众看到的是正面，只见船夫篙子一撑，船就"起航"了。其实船尾看不见的地方，正有四位穿着长筒胶靴的工作人员在艰苦地涉水推舟！

《龙女》公映后，不少影迷通过《上影画报》向该片的主创提问，要求解开一些百思不解的拍摄技巧，诸如"这部戏的外景是在哪里拍的？""相府中回廊等是不是在苏州园林拍的？""洞房内外又是哪里拍的？""送别是在哪条河边拍的？还有那条船……"等等。舒适收到《上影画报》转给他的信件之后，认认真真写了篇题为《闲谈"以假乱真"》的文章，一个一个问题予以解答，刊登在当年的《上影画报》上。他非常谦虚，把功劳归于设计制作得逼真的美术部门，光布得好、拍得好的照明工人和摄影师，他们任务繁重、困难多、工作时间长，十分辛苦；而更值得表扬的就是特技部门。

内外有别

舒适当导演乐在其中，演配角也满心欢喜。如果有晚辈导演请舒适在他们的电影里演个小配角，或者客串一把，他绝对没有二话，心甘情愿为小字辈做"托"。在杨延晋导演的与亚运有关的电影《千里寻梦》中，舒适和奇梦石、向梅、秦怡等

《千里寻梦》中舒适与秦怡搭档

舒适曾在朱枫导演的《乐魂》中扮演配角，多年后朱枫
拜访舒适

搭档，扮演一位富有正义感的香港富翁，算是比较重要的角色；在朱枫导演的《乐魂》和鲍芝芳导演的《奥菲斯小姐》中出演的都是小配角，没几场戏，但他都认真对待，乐此不疲。

1986年，舒适正一部接一部导演电影，干得红红火火之时，被江海洋看中，受邀在这位上影第五代导演与人合作编剧并独立执导的电影处女作中扮演名列第五的角色。舒适一看剧本——《最后的太阳》，原来是一个关于老年合唱团的故事：交响乐团指挥汪闻辉、文化局长严飞、老鼓手顾寿等人曾是抗日宣传队的队友，如今都已白发苍苍，妻儿老小都把他们当老古董一样供起来，这使他们产生了强烈的失落感。这些非常具有社会责任感和生命激情的老人决定再次组织起来，成立老年合唱团，许多老人纷纷前来报名。演出将要开始，老人们积极投入紧张的排练，但毕竟身体不如以往，排练过程中不断有人倒下。可是，歌声给了他们坚持到底的希望和勇气……

舒适的激情被点燃了，好啊！与刘琼、张雁、江俊、林彬、张伐这些老伙计在一起演戏，哪里会在乎主角还是配角，他一拍大腿就答应下来。这次，老刘大哥演灵魂人物——老年合唱团的指挥汪闻辉，舒适则又与林彬演一对。舒适扮演网球教练田家宣，林彬扮演他妻子李淑芬，病中的田家宣还一心想着去旅游。加入老年合唱队之后，他发现了另一番天地。在纵情歌唱的过程中，他们找到了新的生活节拍、新的人生价值，觉得生活更加充实美好。

《最后的太阳》中，舒适和林彬再演夫妇

江海洋第一次拍电影，难免有青涩之感，舒适就和一帮老大哥、老大姐一起，以丰富的创作经验，为江海洋校准偏差，纠正失误，以独特的魅力完成角色塑造。难得的是，舒适的表演方式和江海洋的观念很合拍。舒适习惯于本色表演，让角色朝自己靠；而江海洋也认为"忘记自己进入角色"不是一种正确的观念。所以，舒适这次演戏觉得"非常舒服、非常合适"，轻轻松松地就完成了对人物的塑造。

舒适对晚辈和学生竭尽提携之能事，但对于和他有血缘或亲属关系的晚辈则是另一种态度，教育有之，"后门"紧闭。

想当年，女儿凭着母亲教她唱的"二呀么二郎山"那种歌考上解放军艺术学院，又因故没去成，在林默予的关心下，最后进了海政文工团。舒适对她去部队这个革命大熔炉十二分地放心，还送了跟牛筋皮带给她，意思是要女儿好好"约束自己"。女儿第一次在文工团演话剧很成功，有点沾沾自喜，写信告诉了父亲。舒适回信说："有的戏本来就好，任何人演都会成功，这叫戏托人。你要做到戏写得一般，但经过自己的表演给戏加分，这才是真本事。"从此，女儿懂了，还是要用"皮带"约束自己，再也不会轻易满足。

当女儿来信告诉父母"有男朋友了"，慕容婉儿送给女儿一对绣花的枕套，舒适当时正在干校，吩咐慕容婉儿代他送一对"英雄"金笔，意思是要女儿和男朋友都学英雄、做英雄。慕容婉儿心细，还给女儿配了件亲手织的红色毛衣，一起寄去。那一个个小元宝的针法，令女儿的女战友们直呼看不懂。

等到女儿有了第二个孩子，舒适补发了工资，就寄了200元接济她，也算是表达外公的一点心意。可女儿立刻寄了回来，说要靠自己的力量抚养孩子，如果有困难再问父亲要。舒适大为高兴，觉得自己的言传身教起了作用，写信去大大表扬女儿一番，说很欣赏她能够这样，他也是这样不要父母救济的。女儿开玩笑说，这样一来等于把门关死了，以后真的手头周转不开也不好再求父亲，只好问弟弟借。

女儿要从海政文工团调回上海时，曾想去母亲曾经工作过的上海电影译制厂，或者上影演员剧团、上海人艺等处。舒适为了朋友的事情会主动打电话请求帮忙，比如知道沈祖安被上影聘请当电影《秋瑾》的顾问后，他就会一个电话打到生产办公室，"喂，我阿舒啊，沈祖安是我兄弟，你们帮他解决住宿问题噢！"其实，沈祖安早有人替他安排，根本不需要舒适出面。可是，为了女儿工作的大事，他却一个地方都不替她联系，一个电话都不打。后来女儿终于靠自己的能力进了上海戏剧学院，在话剧《雷雨》中扮演繁漪，非常出色，一段时期内，一些同仁都夸他们那一个版本的《雷雨》最好。当时亲朋好友都去看了，舒适看后只夸了一句："嗯，你的嗓子比你妈妈好一点。"其他什么都不评论。别人对舒适说："阿舒啊，以后你导演什么电影，可以考虑给女儿弄个角色演演了。"没想到，舒适居然一口回绝："只要我在，她别想！"也就是说，女儿要在他麾下演戏，没戏；想进上影厂，那就更没戏了。而何麟、方舟波这些舒适挑选来的青年演员，则总在他导演的电影里有戏，即便不挂名，或者只有一两个镜头，但总能得到上银幕锻炼的机会。

舒适的儿子说，他父亲如果当领导，绝对不可能腐败。所以，每当他在社交场合被人认出是舒适的什么人，总是王顾左右而言他，设法蒙混过去，为的是不想被人认为沾父亲的光。

第九章

打球票戏

打篮球和唱京戏是他的两大毕生所爱。退休后，这两个兴趣成为他的"主业"。他率领"古花"篮球队出访台湾、香港地区和美国，一场场比赛，老当益壮、青春焕发，起到与海外民间沟通和加强友谊的桥梁作用；他热衷于组建和发展上海国际京剧票房，让京剧这一非物质文化遗产之国宝在民间得到最大限度的发扬光大。

古花开花

1986 年拍的《最后的太阳》让舒适大感兴趣其实还有一个原因，这就是，他当时的状态正如影片中的那些老年合唱队队员一样，现实生活中，他正在积极筹划组建一支老年篮球队！

自从"文革"末舒适与一帮"老球皮"开始"手脚发痒"，从地下活动渐渐到明目张胆寻场子奔跑、投篮，到了拍《最后的太阳》的时候，他们的篮球队伍越来越壮大，球队的雏形早已形成：一部分是老运动员、老裁判，一部分是老演员、老明星。于是，舒适和吴成章、陈渭源等几位"老球皮"一起商量，该正式亮出旗号了。队名叫什么呢？舒适拍拍脑门，就叫"古花"吧。意为队员都是"古稀"和"花甲"之年的岁数，年龄不到六七十的不能参加。"古花"还有一层深意，就是一朵要焕发青春的老花。

1987 年 11 月 11 日光棍节这一天，在上海梅龙镇，71 岁的舒适作为"古队"队长宣布"古花篮球队"正式成立，63 岁的"花队"队长兼总教练吴成章是 1948 年曾参加伦敦奥运会的国手，由他宣读"古队"和"花队"的名单。秦怡担任顾问，陈渭源等三人担任队委，队员大部分是上海的，其中退役的原国家队队员除了"花队"队长吴成章，还有李震中，也有海外的荣誉队员，约 40 余名，可谓声势浩大。舒适还创作了队歌的歌词："Ye! 啦! Ye! 啦! 古花，古花，铁树开花。年逾古稀，

球场老将

岁过花甲。老兵上阵，全身披挂。精神抖擞，意气风发。以球会友，输赢管它。荣誉队员，遍布天下。笑看全球，只此一家。古花古花，铁树开花。Ye！啦！Ye！啦！"在刘琼指挥下，嗓音洪亮的乔奇带领队友们朗诵或者说喊出了这首队歌。

其实，这个"Ye！啦！Ye！啦！"是有来历的。当年，舒适的八叔舒鸿作为奥运史上第一位华人裁判员，担任在柏林举行的第十一届奥运会篮球决赛主裁判胜利归来，浙江大学全体师生去车站把他隆重接回，竺可桢校长亲自为他在健身房举行了盛大的欢迎会，由浙大篮球队队长李永照主持，舒鸿详细介绍了第十一届奥运会盛况及中华体育考察团考察欧洲七国体育教育事业的情况，讲了一个多小时。竺可桢校长致词盛赞舒鸿造福浙大体育事业。这时全体师生异常兴奋，齐声高喊："舒鸿，Ra！Ra！Ra！"这"Ra"就是"加油"的意思，想必舒适是从那里"偷"来的。

从此，这支世界上最年老的球队渐渐盛名远扬。

舒适是电影明星，除了表演上银幕，生活中却不喜欢抛头露面，球队筹备经费、联系外界的事务，他全部交给吴成章打理。若有人要请"古花"的负责人参加饭局，他就叫住吴成章："阿弟，侬去！"结果人家派车来接，一辆小车一辆大车，要球队多去些人，舒适就把刘琼大哥推进小车，自己和其他球员一起坐大车。

八九十年代的时候，有朋友送给"古花"篮球队一些外汇兑换券，要他们去友谊商店选购礼物，指明给舒适、刘琼多，其他人少。舒适知道后坚决不同意，情愿不要，认为这样分档次会造成内部不团结。他说："我们就去看看好啦，有钱就自己买，买不起就看看。"

1993年，"古花"成为第一支受邀访台的大陆业余球队。等他们回来后，《上影画报》闻讯立即委派特约记者刘志康先生前去采访舒适、刘琼、岑范等人，听他们将那激动人心的过程娓娓道来：

12月29日傍晚六点左右，华航CI612班机徐徐降落在台北桃园机场，只见一群童颜鹤发、制服笔挺的老人雄赳赳气昂昂地走下飞机，立刻引起人们的关注，因为这些六七十岁的老人一个个都是高头大马，看上去毫无老态，是一道罕见的风景。再看看接机的人群中拉出了一条横幅，上书"上海古花篮球队"。噢，台湾人明白了，是从祖国大陆来的老年篮球队，这可是多少年来从未有过的新鲜事，纷纷奔走相告。于是，比赛还未开始，"上海古花篮球队"已经在台湾民间有了知名度。

成就这件好事非常不容易，球队经过一年多的申请，曾被退回17次，最后经台湾方面有关人士的热心奔走，由台湾体育联合总会和篮球协会出面邀请，得到上海轮胎（橡胶）集团的大力资助，坚冰才被打破，舒适等一行17人终于成功踏上祖国的宝岛。

到了台湾以后，受到热烈欢迎，83岁高龄的台湾国际奥委会荣誉委员徐亨先生放弃去美国欢度圣诞的计划，亲自把舒适等一行人接到由他担任董事长的五星级富都大酒店，免费招待，并给予最高礼遇。"古花"篮球队的这些成员年龄总和超过1000岁，平均年龄达到69.4岁，其中又有刘琼、舒适、岑范、乔奇这些电影明星，所以影响很大，台湾的媒体纷纷报道：

舒适与刘琼在台湾

舒适与乔奇

"古花篮球队宝岛行，巨星国手相辉映，舒适、刘琼、李震中、吴成章风采不减当年"；

"白发老将煮酒话旧，笑谈当年豪情……45年前他们痛斩伊拉克100分"；

"执导的《阿Q正传》首度入围戛纳影展，岑范堪称大陆电影开启国际电影市场第一人"；

"扮演《清宫秘史》中光绪皇帝红遍半边天，舒适满头银发仍难掩红小生风采"；

"曾以《国魂》电影闻名于世，饰演文天祥至今无人能出其右，刘琼气度非凡，不愧'电影皇帝'美誉"；

······

当时刘琼80岁，是球队中年龄最大的，过去是大学校队队员，后又参加"未名"球队。身高180厘米的舒适77岁，曾担任全上海大学生集训队队长，也参加过"未名"球队。岑范相对年轻，但也69岁了，早年曾参加南京混合队，40年代末在香港和舒适、刘琼同属影星队成员，经常和鲍方、车轩、陶金、韩非、金沙、严俊等一起打球，拿过香港夏令杯冠军，并和舒适等一起入选香港联队，回大陆后参加过全国电影艺术球队。

"古花"篮球队抵台第二天上午，台湾方面即在环亚饭店举行欢迎茶会，由篮协理事长王人达先生主持；中午由台湾奥委会主席张丰绪设宴款待；晚上，徐亨先生又举行欢迎晚宴，一干老人沉浸在友好的氛围中，说笑道：酒足饭饱，几乎要打不动球了！

台湾体育总会的刘世珍先生是台湾篮协的副理事长，与岑范是大学同窗。为了迎战"古花"，他煞费苦心，组织了一支"老国手联队"，囊括了昔日台湾篮球队的风云人物，由当年的奥运国手于瑞章出任领队，另一位73岁的国手黄天赐当年人称"黄天霸",威震东南亚,特地从新加坡赶来参战,以珍藏多年的球衣相赠,深情地说:"请珍惜,这上面有我45年前的汗水,遗憾的是马来西亚的蔡忠强不能来参战了。"

1994年元旦之夜,一场别开生面的篮球赛在台北体专的体育馆拉开了序幕。30分钟的球赛过程中,只见满场银发飘飞,喝彩阵阵,笑声不断。最后"古花"以11∶26败给了平均年龄比他们年轻20岁的对手。其实,这场球赛的意义不在于输赢,而是两地民间的互相牵手。岑范说:"时间越长,友谊越醇,大家都是中国人,就算吵过架,也相逢一笑。三通三通,首先就是要情通,感情相连比什么都好!"

因为球队中有了几员影坛大将,不仅加深了两地球员之间的感情联络,而且推动了电影界的交往。舒适他们逗留台湾的一周内,著名导演、台湾导演公会主席李行多次参加接待,影坛老友卢碧云、周曼华、葛香亭、吴文超等相继前来拜访,大陆、台湾两地跑的夏天太太潘我源也出现在他们面前。老友会晤,不胜感慨唏嘘,几十年时光弹指一挥间。

舒适年轻时曾经在台湾工作过一段日子,有一个姐姐、两个妹妹以及其他亲戚和朋友一直生活在台湾,这次有了难得的机会相聚。舒适的这三个姐妹也都是京剧迷,专门拨冗宴请赴台的全体"古花"队员,李行也应邀参加。大家兴之所至,索性举行了京剧演唱比赛,刘琼唱麒派的段子,岑范唱马派的段子,舒适则唱起了杨宝森的段子,韵味浓厚而清醇。在接待人员的帮助下,岑范也居然见到了47年未曾聚首的三哥岑立澍。

1月4日中午,李行导演为"古花"队饯行,恭贺他们圆满结束访台之行。归途中在香港逗留,又与阔别多年的老友们一聚,江泓老太太见到舒适就喊:"我是你妈!"原来,当年她曾在上海滩演话剧《清宫怨》中的慈禧太后,当然就是舒适(光绪皇帝)的妈。拍摄《少林寺》的名导张鑫炎之前多次想参加"古花"篮球队,无奈年龄不到被关在门外,这时刚满花甲,便迫不及待地跻身"古花",成了荣誉队员。

据说上海交响乐团当时也在台湾访问演出,虽然也有一定影响,但风头都被"古花"盖住了。

接着,从1995年开始,"古花"篮球队三次受邀参加在美国举行的全球华人体育盛会。在开幕式上,69岁的吴成章作为代表,举着火炬绕场一周。中央电视台专门拍摄了专题片《篮球情缘》,讲述这帮老朋友因球结缘、以球会友的故事。

渐渐地,这支篮球队的功能已经大大超出了体育运动,而成了与海外民间沟通和加强友谊的一座桥梁,有时候起到了政府部门所难以起到的作用。后来台湾"老马"篮球队也来大陆访问,就由"古花"篮球队负责接待,两支球队在上海南昌路

古花篮球队出征台湾，在香港逗留时，舒适与乔奇、岑范、韦伟、朱虹、费明仪、张鑫炎、吴成章等相聚

上的卢湾区少体校篮球场进行了友谊比赛。舒适自然又是首发后卫，比赛之前，他以队长的身份亲自指挥上场的队友，齐声朗诵队歌歌词。只见他有力地挥动双臂，队友们跟着他"Ye！啦！Ye！啦！"近乎呐喊，气势如虹，就像冷兵器时代交战前的仪式。其实对于胜败，舒适真的觉得微不足道，他就是很享受球赛的过程，出一身汗，爽。

"古花"篮球队甚至敢和中国国家队比赛，屡战屡败、屡败屡战，败几次都无所谓，本来就是友谊第一嘛！当然，赛球能够赢总是令人高兴的。有一次专业队的小伙子轻敌，大意失荆州，让舒适捞外快三分球频频投篮命中，居然意外赢了一场，他为此高兴了好几天，嘴里咿咿呀呀不断地哼京剧段子。

打完球，老人们就坐在一起，喝喝茶，东南西北地神聊，感觉好极了，买单的时候大家"劈硬柴"。

每到星期二，舒适什么事情都可以丢掉，可是球队活动他不可能忘记，更不会放弃。奔跑在球场上的舒适飞扬着一头银色长发，颇有老将廉颇之风。他的球品出了名的好，从来不会故意犯规，对抗中只要踩到别人的脚，立即缩回，当场道歉，被裁判误判也从不计较。

舒适80多岁的时候体能还很好，还跑得动，队友都喜欢他，愿意看他上场，打五分钟、十分钟都可以，所以总把他尊为"古花"的灵魂人物，列入首发阵容。

舒适的球场风姿

舒适不无得意地说："父亲是军人出身，梅兰芳先生自幼练功，应该说身体都是不错的，可是父亲享年64岁，梅先生也只有66个春秋，而我这后生晚辈却80多岁还能打球、唱戏、演戏。大约是因为他们那时还没听到过'生命在于运动'这句话，没有坚持锻炼身体的缘故。"

当他得知著名演员林默予的先生周楚，就是当年那位他和慕容婉儿的"电灯泡""糟兄"身体欠佳，便认认真真写了封信，奉劝周楚要"经常出出大汗，促进新陈代谢和血液循环，练练气功"。舒适得意地说，蒙纳（另一位演员）听了他的话就有了明显的进步，告诫周楚不要把他的规劝当耳边风。对朋友的关爱跃然纸上。

舒适总说要在球场上玩到85岁，遗憾的是没到这个年龄他的视力和听力就严重衰退了。但是即使不能上场，他的心还在球队，球队的每次活动都要去，坐在一边负责翻翻记分牌，也能过把瘾。有时因视力模糊没看清球进了还是没进而翻错牌，大家也不怪，只当作笑谈，因为大家都尊重他、爱戴他，反正是锻炼为主，不为输赢。

情系票房

　　退休后的舒适有更多的时间和精力放在他的兴趣爱好上。在把"古花"篮球队组织得像模像样、四海扬名的同时，另一个他刻骨铭心爱了一生的嗜好——唱戏，也被他提上了议事日程。"文革"中被当作"四旧"的那些经典旧戏，早就像宝藏一样深埋在他心底，流淌在他的血液中，那么多年不能扯开嗓门公开唱，被憋坏了。他一定要让这非物质文化遗产之国宝发扬光大！而且，"古花"篮球队里的几位电影艺术家，同时也是舒适的戏友，所以，说起唱戏，大家又是一呼百应。

　　当时上海市委和市府领导，包括统战部都很支持这些文化老人的倡议，朱镕基甚至是发起人之一。于是，在舒适和上海市政协几位人士的张罗下，1990年2月10日元宵节那天，一个名为"上海国际京剧票房"的民间组织成立了。既然是"国际票房"，就要有国际性，所以成员中既不乏上海市社会名流，也有港台及海外人士。原上海市委书记汪道涵担任理事长，舒适和著名社会活动家李储文、著名书画家程十发、著名演员程之及《新民晚报》资深记者吴承惠（笔名"秦绿枝"）担任副理事长，上海市政协办公厅副巡视员许世德为总干事，李葆炎、王思及、杨柏年、王永平、周明秋为副总干事，干事则有唐家模、李玉明、王守信、罗绍志等。还聘请陈沂、俞振飞、刘兴文、陈从周、邓云乡、卢文勤为名誉顾问；香港票友金如新、张雨文、钱江、李如声，台湾票友罗吟梅，旅美票友朱文熊为名誉理事。票房成员中汇集了一大批文化精英，有大学教授、工程师、医师、企业家、书画家、新闻记者、电影演员，甚至有退休的专业京剧演员，如南派名家陈鹤昆，梅兰芳的弟子、舒适堂弟舒昌玉等。

勾脸（高桥亚弥子1994年摄）

定妆照，左为舒适

操琴

唱戏

上海国际京剧票房每周六下午举行一次清唱活动，每逢佳节便举行京剧晚会，也有纪念著名伶人的专场演出等等。

电影圈喜欢京剧的人不少，除了舒适，蒋天流、岑范、董霖、凌云等都是名票。蒋天流还是最早的发起人之一，专攻程派唱腔。岑范在票房善唱言派，委婉细腻，潇洒而有气度，颇得言派精髓。在电影《红日》中演张小甫的董霖唱杨派，当年在外景地舒适就为他操过琴，现在继续，一曲《洪洋洞》唱得深沉稳健，颇有味道。董霖的票龄算起来已有 50 余年，根底不浅，有一次扮演《法门寺》中的宋国士，还得到大师俞振飞的赞赏。在电影《羊城暗哨》中扮演特务"小神仙"的凌云，不仅自己唱，还把做律师的女儿也领进票房，唱梅派青衣。父女俩平时又多了一个唱戏论戏的节目，自有乐趣。一时间，唱京戏成为上影演员剧团这批老演员的时尚。

作为副理事长的舒适颇有成就感，参加票房的活动就越发认真，像上班一样，早早就到，离开却是最后一名。有一次，舒适和刘琼等人一起在吃中饭，突然他想起了什么，看了下手表——一点钟了！站起来就要走，说要去票房。刘琼本来就要和他一起去的，就说："还早来！"舒适说："哎，我不能迟到的，要先到！"

为了把上海国际京剧票房办得更出色、规模更大，舒适与大家商量之后，决定开办第三产业，以副养文。便由他出面，于 1993 年 5 月 15 日写了封信给朱镕基，既是汇报工作，也为进一步获取支持。

镕基同志：

您好！

在您即将出国公干之际，特烦王卫同志拿上这封简短的信，汇报一些国际京剧票房的情况。

……

舒适给朱镕基的信及朱镕基的批复

为了进一步扩大国票的影响，现已决定与黄浦区京昆之友社合作，并得到该区区委的大力支持，在装修一新的皇冠乐园，就是原先的先施乐园，档次相当高的场所曲艺厅，举办"周三京剧聚唱会"，每逢星期三晚上七至九时半举行一次，文武场面由我票房提供，场地音响设备等由京昆之友社负责，略收茶资。每场开始一小时先由到场观众自娱，可以报名登台演唱或欣赏名角的录音，然后再由较出名的票友或特邀的专业演员演唱，以广招徕，借以提高群众对京剧的兴趣，从而起到些振兴作用。原定每星期六晚上票房活动照常进行，俾便接待来自海内外的京剧爱好者，并为他们提供服务，协助他们创造演出条件等。此外，我票房每季度举行一次小规模彩排演出，不售门票，完全联欢性质，借以提高演唱水平。显然，维持票房的经费仅靠票友每人每月十元的会费是远远不够的，而要向海外名流求赞助也非长久之计，故拟开办第三产业以副养文，现在亦在积极筹划谈判中。

您是国票发起人，我们的当然会员，又是我们的老市长，特附上三年来国票大事记等资料，请您过目并希望得到您进一步的指导和支持……

半个月后，舒适就收到了调到北京工作的朱镕基的回信。

舒适同志：

对你们振兴京剧和积极开展国际京剧票房工作的努力表示敬意。如果我有机会去上海，仍愿去票房捧场。补交票房会费 200 元，以示支持。

敬礼！

朱镕基

6 月 4 日

在等待朱镕基回信的同时，舒适他们已经与黄浦区京昆之友社谈妥，从 5 月 26 日起，上海国际京剧票房与他们携手，每星期三晚上在"皇冠娱乐城"（即黄浦区文化馆）举办一次京剧清唱茶座，称为"国剧艺苑"，遍邀老中青专业演员及海上名票轮流演唱。

1999 年，上海国际京剧票房与评弹票友在杨浦区的一个会所共同举行了一场京剧演唱会，纪念杨宝森 90 华诞，韩国、英国的票友也专程前来参加。舒适的节目还是《四郎探母》中杨六郎的唱段，因为这是他曾经在香港给杨宝森先生配过的戏，这次再唱，以表对大师的缅怀。电视台要来录制了，为了画面上打字幕的需要，上海国际京剧票房总干事许世德问："舒老，你有没有唱词呢？"舒适那时候已经 83 岁高龄了，只见他拿了张印有"上海国际京剧票房"台头的信笺，略加思索

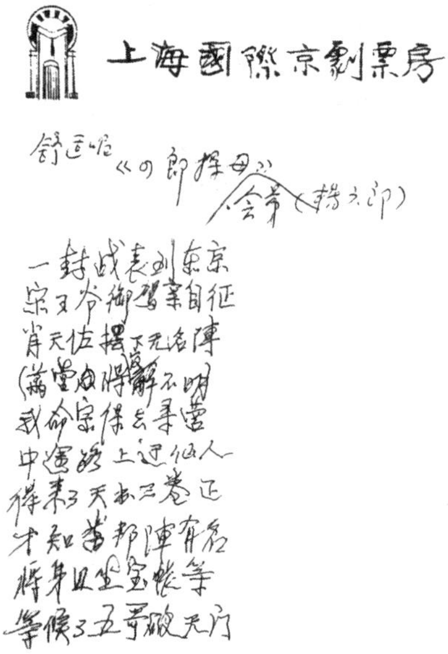

舒适手迹：《四郎探母》唱词

后一挥而就：

　　舒适唱《四郎探母·会弟》（杨六郎）：一封战表到东京/宋王爷御驾
亲自征/肖天佐摆下无名阵/满堂将官解不明/我命宗保去寻营/中途路上遇
仙人/得来了天书三卷正/才知番邦阵有名/将身且坐宝帐等/等候了五哥破
天门。

　　许世德大为惊讶，觉得舒适真是记忆力惊人，故而不舍得交出原件，复印了一
份交给电视台，而把舒适的手迹像文物一样收藏起来。

义字当先

　　有一次，电视台与一些企业家联欢，请来一些京剧名角票戏，也请了上海国际
京剧票房的票友，当然包括舒适和吴承惠等名人，还有京剧院的两位专业人士，在
梅龙镇广场清唱。

　　主办方让票友们早点去，傍晚五点半左右到，演出前吃顿便饭。舒适到场的时
候，台长叫了起来："皇上驾到！"不知他是以舒适在《清宫秘史》里的角色身份称
呼，还是拿刚刚播的《雍正皇帝》中舒适演的老康熙皇帝博大家一乐。

舒适在电视连续剧《雍正皇帝》中饰演康熙

周康渝导演的这部 31 集电视连续剧《雍正皇帝》，从康熙晚年诸皇子争宠夺位写起，一步步揭示四阿哥（雍正帝）复杂的性格特征。76 岁的舒适演雍正（刘信义扮演）的爹康熙。舞台剧不算，这是舒适一生中第三次在影视中演皇帝，剧中他有不少台词。年轻时他一天能背出一个剧本，现在记忆力大不如前，不得不花较多的时间和精力，才能让栩栩如生的康熙展现在荧屏上。周康渝将该剧拿到日本播映时，舒适塑造的康熙皇帝这个人物形象得到好评。

主办方请舒适和吴承惠进一间有领导、企业家在的包房就坐，舒适坚决不肯，连声说："做啥？不要不要！"按道理，像他这样一位德高望重的艺术家，年龄也大了，有一点照顾也是正常的，但他就是不愿特殊化，喜欢和老朋友坐在一起。他说，出来，我们大家就该在一起。

这是舒适一贯的做派。在香港的时候，舒适等人参加了共产党的外围组织，其中有个搞编剧工作的就是地下党员。新世纪初的时候，那位同志证明舒适等人解放前就参加了革命工作，认为以此为由可以申请离休。后来他果然把证明信寄来了，交给上影厂，但过了很长时间，回复说只能给刘琼和舒适两位办离休，其他人不行。舒适和刘琼都是仗义之人，说："做啥啦，我们那时候在香港有几十个人了，被赶回来的也有 10 人，要么一起回来的兄弟们都办离休，否则我们两个人搞算什么啊？退休和离休有啥区别啦！"结果把离休申请表格朝抽屉里一塞，没交上去。

舒适在影视和话剧里可以当皇帝，生活中只把自己当平民。年纪稍大一点的老百姓都认识他这个"皇上"，有次京剧票友们给舒适过生日，在政协大楼边上一家饭店摆了三桌。舒适一进饭店，其他桌子上的食客竟都站了起来，说"光绪皇帝"来了，纷纷要求跟他合影留念。舒适很高兴，马上站到他们中间，随便他们怎么拍。

可是，年轻人就不一定认他这个"皇上"。有一次去宁波，与一个成立两周年的职工京剧团联欢。在火车上，上海国际京剧票房的票友们指着他问列车员、问乘客："你们认识舒老吗？《清宫秘史》看过吗？"他们都尴尬地笑着摇头。舒适马上出来打圆场，说："你要问他们有没有看过《红日》。"这下他们恍然大悟，兴奋起来："张灵甫呀，认识的、认识的！"

如果舒适连续一两个月因拍戏而不能参加京剧票房的活动，他的嗓子就开始痒痒了，他已经不习惯一星期不与票友们一起亮几嗓子。等到外景拍摄一结束，他立即返回上海，一分钟都不愿多留。1994 年拍完 20 集的电视连续剧《刺杀袁世凯》，舒适一到上海就迫不及待地来参加星期六的票房活动，一干人围了上来，好奇加打趣地向他打探："舒老，片酬拿得结棍哦？"舒适乐了："我出来参加票友活动坐坐出租车足够了。两年前拍的电影《中国人》刚刚又拿到第二届中国长春电影节最佳男配角奖，一万元呢！"

落日熔金

1995 年的元宵节，上海国际京剧票房的票友们欢唱了整整一个下午，晚上聚餐时余兴未尽，一边饮酒一边唱戏，一个个轮着来。

吃元宵的时候，程之，这个《红日》里国民党七十四师参谋长的扮演者突然就倒下了，倒在坐他旁边的好朋友"张灵甫师长"身上。程之就这样极富戏剧性地走了……从此，舒适就把以前需要程之张罗的票房事务交给了吴承惠。后来程之的家人为程之出版了一本书，发布会上舒适应该就坐主席台，可是他叫吴承惠上。这种抛头露面的事情，他向来是朝后缩的。

2002 年 4 月 28 日凌晨，和舒适一起从香港回来的亲密战友、老大哥刘琼，因患肺癌医治无效，走了……

2004 年 1 月 31 日，《红日》里被张灵甫狠揍耳光的张小甫，曾经得意洋洋地说自己在银幕上无数次被人毙了却一直活着的董霖，病故了……

2007 年 6 月 28 日晚上 11 时 15 分，白内障手术恢复期的乔奇，在华东医院突发心脏病而去……

2008 年 1 月 23 日，因胃癌动手术不久的岑范，在徐汇区中心医院去世……

老朋友一个个离舒适而去，硬朗的他没有表现出过于悲哀，可能他的心灵已经承受过更加沉重的痛苦。可是，他的笑容明显减少，他的身体明显消瘦。这段日子，票友们说他总唱"老三段"：《失街亭》里的《两国交锋》、《张公道》里的《沙桥饯别》，还有一段《提龙笔》。巧的是，此三段都是余叔岩的老生经典。

"两国交锋龙虎斗，各为其主统貔貅。管带三军要宽厚，赏罚中公平莫要自由。此一番领兵去镇守，靠山近水把营收。先帝爷白帝城叮咛就，俺诸葛扶幼主岂能无忧？但愿得此一去扫平贼寇，免得我亲自去把贼收。"这段《两国交锋》，在舒适的演绎下，似乎多了几分惆怅。

"孤王在长亭把旨传，尊一声御弟三藏听根源。天朝无有真经卷，怎令人悟道与参禅。你今替孤行方便，披星戴月去往西天。孤念你万里征途路遥远，孤念你千山万水跋涉艰难，孤念你黑夜里投宿在庵观寺院，孤念你夏日受暑冬日受寒。但愿得此去能如愿，请到了真经即回还。那时节孤领众僧人齐把真经念，才知晓那西方的佛祖法力无边。御弟你才算是功成圆满，王封你一代国师万古流传。"这段《沙桥饯别》，则被他唱得更多了几分思念。

"提龙笔写牒文大唐国号，孤御弟唐三藏与孤代劳。各国内众蛮王休要阻道，到西天取了经即便还朝。孤赐你锦袈裟霞光万道；孤赐你紫金钵禅杖一条；孤赐你藏经箱僧衣僧帽；孤赐你四童儿鞍前马后、涉水登山好把箱挑。内侍臣与孤王将宝抬到，金銮殿王与你改换法袍。"而这段《提龙笔》又与《沙桥饯别》一脉相承，在他看似豪迈的外表下，只是又多了几分绵绵之情。

又过了些日子，滑稽戏名角杨华生发现了"新大陆"，说，你们看舒老最近又有了新名堂，每次一进票房就往"场面"（乐队）那边坐，拿起大锣就敲，这是他的新动向啊！神奇的是，不管哪个角色的什么唱段舒适都能配合得很好，节奏分毫不差，可见他对京剧的熟悉。

这段日子舒适的身体发生了一些状况，视力明显开始下降。史蜀君有次去探望他，正是下午两三点钟的时候，他却说："哪能这么暗啦？把窗帘拉开点！"史蜀君心里一咯噔，舒老眼睛出问题了！亲友们纷纷催促舒适去医院检查，因为他母亲生前就是因为严重的青光眼最后致盲的，怕他有遗传。舒适却不怎么当回事，认为自己的眼睛没什么问题，过马路的时候对女儿说："我不是看得见的啊，喏，红灯现在转绿灯了。"其实他那时经常头痛就是视神经病变引起的现象，而青光眼的症状据说就像是视力范围的渐渐缩小，成为管状焦点，在此一个点上能看见，更大的范围就成了盲区，直到彻底失明。当然，视力差也不影响唱戏，但舒适还是自觉那段日子嗓子似乎也有退步，就把兴趣转移到打锣上。其实，他开始对京剧感兴趣就是被开场的锣鼓声吸引的，一阵冬锵冬锵的敲锣打鼓声响起，铿锵有力，先声夺人，那个叫舒昌格的孩子就心跳加剧，完全被慑住了。所以到了这把年纪，敲击节奏感强烈的家什对舒适而言依然具有相当大的吸引力，他喜欢沉浸在这个氛围中，一度感觉比唱戏还要刺激，俨然一副"准武场"的架势。更重要的是，在这震耳欲聋、热闹非凡的环境里，他可以忘记老朋友一个个先他而去的痛苦，忘记一切不快……有些同仁不明就里，便戏称他是"场面"中的"大学生"。

在舒适心目中，上海国际京剧票房就像他的家一样。拍电影的朋友一个个都不在了，他只剩下这些如同他的兄弟姐妹一样的票友们了，所以他要到票房请大家一起过一次生日。那一天，他把双臂搭在女儿肩上，把她当自己的眼睛，让她引领着一步步朝前迈步，后面跟着舒家的十几口人，包括真正接他班的影视演员外孙高鑫，浩浩荡荡来到票房的大本营——上海市政协大楼。不知为什么，一到这个地方坐下来，失聪的耳朵还是能感觉到敲锣打鼓和唱戏的声音，他的心就定了、充实了。但等胡琴一响，他唱戏的时候调门居然不错，节奏也踩得很准，仿佛心理感应可以代替他的五官，除了说明这些唱段已然根植于心，无法作其他任何解释。

舒适的堂弟舒昌玉说，他近乎是个专业的京剧演员，嗓音洪亮、宽厚，用嗓、用气都很专业，唱得不是一般的好，是很好。

票友们说，在票界，舒老是个角儿，可以顶大梁的。

2010 年舒适 94 岁生日那一天，舒昌玉和几位票友去他家庆贺，凤凰拿出胡琴给舒昌玉拉，舒适连续唱了六段京戏，很过瘾。然后他拉，舒昌玉唱，调门、旋律居然一点不差。对于眼盲耳背的舒适而言，只能说这是奇迹。

把舒适视为良师益友的"古花"篮球队队长吴成章，也到了耄耋之年，"退役"多时，逢年过节都要去拜访他，至少要通通电话，互道平安。身体欠佳的陈渭源也经常会拄着拐杖挪步上四楼来探望他。

2013 年春夏之际，美国佛罗里达州布罗沃德县的劳德代尔堡传来意外的惊喜——舒适因 1959 年主演体育片《水上春秋》而荣获首届伊丝特电影奖的最佳男演员奖。97 岁高龄的舒适不可能远去美国，只能委托当年参演《水上春秋》的一位女演员舒迈代为领取。

著名的美国 1939 年全国游泳冠军伊丝特·威廉姆斯（Esther Williams）因第二次世界大战而未能参加 1940 年的奥运会，此后成为米高梅电影公司的演员，主演了《出水芙蓉》等二十几部电影，1966 年被国际游泳名人堂授予名人称号，并于 2006 年获得国际游泳名人堂所授予的曼达菱金奖，又以其名义设立伊丝特电影奖。2013 年 5 月 10 日，在她丈夫爱德华·贝尔（Edward Bell）的倡议和资助下，国际游泳名人堂在坐落于"美国威尼斯"的劳德代尔堡举行首届伊丝特电影奖颁奖仪式，北京电影制片厂 1959 年摄制的《水上春秋》和长春电影制片厂 1964 年摄制的《女跳水队员》同时获奖。获奖理由为舒适、于洋等主演的《水上春秋》和张克镜、曾绍美等主演的《女跳水队员》抒发了中国水上运动员胸怀祖国、放眼世界的情

舒适游泳

怀，公映后曾激发无数中国青少年为致力于国际奥林匹克运动而奋发图强。

电影《水上春秋》和《女跳水队员》的人物原型穆成宽、戚列云及中国前游泳、跳水队员等也出席了颁奖仪式。我国前全国跳水冠军梁秀英在颁奖仪式上说："中美水上运动的交流和运动员之间的友谊促进了两国关系的发展，水把我们结成了朋友。"

朝百岁冲刺的舒适依然硬朗、依然康健。他非常庆幸自己一生有此藉以走上演艺道路的两大业余爱好：体育锻炼使他体格健壮，唱戏使他身心愉悦，运气吐纳、亮嗓高歌何尝不是又一种锻炼！上海电影家协会常务副主席许朋乐先生对舒老的身体现状有过精彩的比喻："他好比一辆优质名牌老爷车，虽然灯不亮了，油漆颜色褪掉了，甚至喇叭也不响了，但是发动机还是好的，还能往前开！"

尾声

品高德馨

舒适九十挂五的时候，满头银丝，那张清瘦的长形脸轮廓分明，极有雕塑感，相反，沙发旁边那尊不知哪位艺术家做的塑像倒不如他本人刚劲。舒适穿着一件大格子的绒布衬衫，坐在靠窗的椅子上，旁边都是花草，背后是一只圆形的鸟笼，里面那只黑色的八哥跳来跳去，不时发出"尿尿""妈妈"或者类似唱京戏的声音，很吵，也很有趣。他耳朵里塞着耳机在听 MP3，这是女儿买给他的，因为眼盲耳背，既不能出去参加京剧票房的活动，也不能再到球场上奔跑，只能这样听听京剧，打打节奏，聊以自慰。

舒适与他的塑像

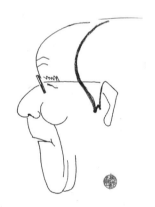

舒适漫画像

采访时为了拍摄需要，记者请他拉几段京胡。凤凰就从盒子里取出胡琴，塞到他手里。他拿下耳机，几下子就调好了琴弦。他紧闭着双眼，因为看不见，也不需要看，表情却像是陶醉于这尖利的琴声——分明是《张公道》里的《沙桥钱别》。

镜头早已完成，众人正在欣赏他的陶醉，琴声戛然而止，"好了哦啦？好了哦啦？"凤凰忙高声回答："好了好了！"于是，把他转移到餐桌前，桌上摆着饼干等点心，凤凰盛了一碗红枣莲心汤，他专注地喝了起来。

桌上还有一对比乒乓球还大的钢球。舒适现在不能打球，也不能做其他体能训练了，但锻炼是不可荒废的，这两只钢球便成为他练手劲的器具。

　　红枣莲心汤喝完了，舒适喊了起来："妈妈，妈妈！"那只八哥立刻也跟着叫起来："妈妈，妈妈！""来了来了！"凤凰大声应着，边对访客解释，"他一刻也离不开我，我走开时间稍微长一点就要叫。"

　　这时候，儿子踏进了门，送来了点心。他继承了舒适养小动物的爱好。有只野生的黑色八哥和他有缘，停到他家的窗台上，自从喂了几粒米，它就每天早上一次、傍晚一次不请自来，等着给它享用的米粒。他就住在马路对面，刚刚喂了这只八哥，便想起了父亲，和太太一起踱步过来看看老爸。

　　舒适的外孙高鑫也是影视演员，2001年凭借电视剧《情深深雨蒙蒙》中的尔豪一角获得台湾金钟奖最佳新人奖。有第三代接舒适电影事业的班，他当然高兴，但他绝不手臂朝里弯，见到高鑫和王一楠小两口就要训导一番，以至于他们对老爷子非常敬畏。

　　江平导演曾写文章披露了一则趣事：一次，江平让住在上影宿舍的高鑫到他办公室拿月饼回去给外公外婆过中秋，高鑫满口答应保证完成任务，结果和几个小兄

舒适70岁生日时，小辈为他祝寿

弟一起把月饼消灭了。几日后，舒适来电致谢江平，说外孙因忙于拍戏没时间把月饼送到外公手上，但舒适说比吃到嘴里更开心，一是因为江平记着他这"老朽"，二是听说外孙忙，便夸他有出息。江平哭笑不得，找高鑫"算账"，高鑫说："哥哥你饶了我。老头闲得没事，我们一去就听他训话，躲还来不及呢！"原来他是怕舒适唠叨！其实每每出外景回来，高鑫和王一楠总要给外公送去一堆好吃好玩的礼物。舒适逢人便说："我过得很高兴，一家三代和和美美，开心呐！"

舒适每天要睡到下午一点多起床，据说这是他多年养成的习惯。以前，整夜整夜地写剧本，如果接了戏，就做案头工作，准备第二天的拍摄。或者写写日记，练练气功。他喜欢夜深人静的时候，一个人安安静静地做事情，神清气爽。他有很强的自我调理能力，身上什么部位觉得不舒服，就运气逼向那里，耳朵不好就吸气、屏气，最后让一部分气从耳朵里出去，这是他根据"练功十八法"等原理自己搞的发明。因为生活习惯如此晨昏颠倒，所以，如果有人要请他吃午饭，他会不乐意。

很长一段日子，舒适常常会突然在半夜里叫起来："几点啦，通告来了哦？服装准备好了哦？有人来哦？"他还沉浸在拍电影的氛围当中，还在做着拍电影的梦。

舒适对比他小一轮的凤凰非常关怀。2002年的时候，凤凰动了个大手术，住进了医院。舒适就经常打电话给女儿，叫她陪着一起去医院探望。有一天，女儿正在外面办事，突然接到父亲的电话，说凤凰不好了，要她立刻陪同去医院。原来这是舒适的第六感觉，到了医院，见凤凰一切正常，才放心。

所以，凤凰说："他这人心地善良，人品好，脾气不好，想到啥就讲啥，一点一画的，不会拐弯。他对我好，对我的孩子也好，更离不开我，所以我要伺候他，一定要让他过一个安稳的晚年……"

舒适与凤凰

2005 年，舒适获"优秀电影艺术家"殊荣

2005 年冬天的时候，舒适荣获国家颁发的"优秀电影艺术家"称号。他当时已经视力严重退化，不能去北京领奖。后来上海电影家协会在上海为舒适和汤晓丹等补办颁奖仪式，时任国家广电总局电影局副局长的江平把奖金和奖牌送到舒适手上，舒适把奖金撂下，却抱着奖牌久久不放。江平在台上宣读舒适的作品，提到他导演并主演的《林冲》时，他忽然站起，高声纠正："《林冲》的第一导演是吴永刚！因为他被迫害成了右派，后来杂志上把他名字抽掉了，这不是历史！我想告诉老伙计吴永刚，他要能活到今天该多幸福啊！"

曾为舒适操办 90 大寿的"小老弟"沈祖安，这位浙江文联的编剧、曲艺作家、戏剧理论家说，阿舒是有信念的，这个信念就是做个正直的人。舒适想了想说："哎，差不多！"

舒适把钱财看得很淡，如果在古代，他一定是个仗义疏财的侠客。

1950 年代，刚从香港回来不久的舒适就和慕容婉儿一起主动要求减薪。

三年国家困难时期，高级知识分子有馒头供应，舒适就每星期都买了肉馒头带回去给妈妈吃。按照舒适小弟弟、小妹妹的说法，当时舒家弄一大家子，加上佣人，几乎所有开销都是舒适和慕容婉儿提供的。

70 年代初，舒适刚刚离开五七干校不久，自己还没补发工资，小妹妹结婚，他就给了 100 元，还送了她一台电视机、一台照相机。1973 年小弟弟结婚的时候，舒适正在上影技工学校的厨房里劳动，工资也不会高，但是所有费用都是他出，在淮海路办了几桌喜酒，35 元一桌的标准。他的钱都是这么用光的。

如果这么对待家人算是理所应当，那么对待朋友又该怎么说呢？有一次舒适被母亲发现他手上的戒指不翼而飞，他说："噢，大概放在什么地方了。"其实是朋友向他借钱，他没有现钞，就把戒指给了人家。还有一次，舒适刚从干校回来，和儿子一起回南昌大楼，路遇一个他并不认识的老太太，说："你是舒适吧，有没有 10 元钱？"舒适出手就给了她 20 元。可能是敲竹杠，但是他却心甘情愿。

难怪，拍过《小街》和《苦恼人的笑》等电影，与舒适合作过《千里寻梦》的导演杨延晋有一次问赵丹："哎，你们这批'老家伙'当中谁最好？"

赵丹不假思索地回答："舒适。"

"怎么好？"

"人品好。"

······

百岁贺寿

2015 年 4 月 19 日快到了，舒适将迎来他的 99 周岁生日。中国人习惯做九不做十，99 周岁也就意味着虚龄已达百岁，舒适的亲属们开始筹划，要给他隆重举办百岁庆生！以往，舒适 70、80、90 岁生日都在淮海中路上的梅园村设宴，亲朋好友尽数邀请，至少五六桌。但是现在 99 足岁了，身体状况不允许舒适再去饭店，那么，其他人在饭店热热闹闹，主角不到场，也就失去了意义。

于是，经过商议，决定在家里分中、晚两场，自家亲属聚一聚。女儿特地为父亲选购了一件大红色的羊毛衫，又送了一件给凤凰阿姨。舒适的小弟弟舒昌言在浙江定制了 100 双乌木寿筷，上面刻有"百岁人舒适，盛世常青树"字样；又到乔家栅食府订购了 70 份寿糕，准备赠送给前来祝寿的亲友。

4 月未到，上影集团退管会的老徐就来电话了，说要组织祝寿团，问凤凰需要邀请哪些人，退管会可以帮着发请帖。凤凰和舒适一商量：马林发，老摄影师、老领导，一直很关心舒适；沈寂，老编剧、老作家，把舒适视为他走上电影编剧道路的引路人，每年生日都想来祝寿，无奈每每身体欠佳而未能如愿，这次有退管会派车子接送，他可以无虑了；史蜀君，舒适带出来的女导演，跟着舒适拍了三部电影……名单交出去后，一切由退管会张罗。

4 月一过，上海电影家协会来电话了，说一定要在 19 日那天来给舒老贺寿。凤凰告诉他们，已和上影集团退管会约定，19 日那天有一大批人前来。"这样啊，那……"上海影协的常务副主席许朋乐立刻随机应变，"那我们提前两天来吧，不能和上影集团凑到一起，你们家地方也不大……"

又过了两天，上影演员剧团也来电话了。得知4月19日之前几天的"档期"全部排满，团长崔杰果断决定："那我们再提前几天！"

祝寿行动轰轰烈烈地拉开了序幕。

上影演员剧团提前一个星期到场，团长崔杰和夫人徐东丁（著名表演艺术家乔奇之女）、副团长佟瑞欣、支部书记严隽开了庆生的头。崔杰拿出两个红包，一个是演员剧团的，另一个是他和夫人以私人名义送给老爷子的贺礼。崔杰用他特有的宽厚嗓门说，乔老爷子（乔奇）走上银幕最早的三部戏都是和舒适在一起。《桃花湖》《红泪影》是和舒适一起演的，第三部《地老天荒》则是舒适自编自导自演的电影。他们两人是老搭档了。

离19日还有三天，上海电影家协会全体出动，主席张建亚、常务副主席许朋乐、副主席吴竞、秘书长赵芸等人提着组成心形的99朵红玫瑰和一盒蛋糕上门祝寿。一进门，许朋乐就在舒适耳边高声祝寿："舒老，我们来给您祝寿啦！"舒适一惊，"哦哟，勿要哇啦哇啦好哦啦！"众人大笑。

上影演员剧团老朋友看望舒适和凤凰，前右严永瑄，后排左起：阮丽丽、向梅、吴永芳等

上影演员剧团团长崔杰、副团长佟瑞欣等给舒适祝寿

上海电影家协会为舒适祝寿，后排左起：主席张建亚、副主席吴竞、秘书长赵芸，前排右为
常务副主席许朋乐

凤凰告诉舒适，上海影协送来 99 朵玫瑰组成的红心，舒适异常高兴

张建亚靠近舒适，说："送您 99 朵玫瑰！"舒适没听清，许朋乐便又重复一遍："送给您 99 朵玫瑰！这是我们上海影协对您的爱和敬重！"舒适这次听明白了，不住地点头说："谢谢！谢谢！"

舒适摇摇头："我年纪大了。"

许朋乐："不大，才 100 岁！"舒适大乐。

张建亚拿出为舒适买来的橄榄，交给凤凰。他知道，这是舒适爱吃的零食，每次来探望都要买橄榄。凤凰当即拆开包装，塞了一颗在舒适嘴里。她告诉大家，舒适的确喜欢吃橄榄，有一次稍不注意，他一连吃了八颗。一般她只给他吃四五颗，考虑到摄入过多的盐分对身体无益，甚至把甘草的甜的椒盐的搭配着给他吃。

许朋乐提议合影，众人立刻簇拥在舒适和凤凰旁边。张建亚紧紧靠在舒适身旁，许朋乐不失时机地插科打诨："张建亚的光头比舒老还亮嘛！"众人大笑。舒适知道要拍照片了，便对着镜头熟练地努力睁大眼睛，显得炯炯有神。

要吃蛋糕了，许朋乐又提议一起唱《生日歌》，众人一边和着节奏拍手一边放声高唱："祝你生日快乐……"舒适的大嗓门很明显。唱完后，意犹未尽，许朋乐提议再用英文唱一遍，众人都说好。舒适又一起唱："Happy Birthday to you……"节奏、句子丝毫不差。"好！"众人大赞，热烈鼓掌。

上海影协的工作人员拿出一张贺卡，只见卡上写着："99 朵鲜花献给 99 岁的舒

舒适在凤凰的帮助下吹蜡烛

老，祝白寿老人健康、幸福！"有人不解，何为"白寿"？原来，白寿即为99岁，"百"字少一横不就是"白"嘛！这是中国特有的寿文化。大家请舒老先在卡上留白处签名。舒适看不出，不知如何下笔，有点茫然。凤凰立刻抓着他手，帮他把笔尖触到贺卡。舒适便一边嚷嚷着"划了噢"，一边凭感觉写下自己的姓名，最后还要在"适"字的走字底上边点上一点，位置居然不偏不倚。凤凰也在舒适的名字旁边写下大名，然后，大家再一个个轮流签名。

舒适在贺卡上签名

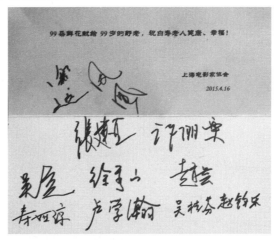

有着舒适、凤凰等签名的贺卡

张建亚感慨，当年就是舒适把他挑选到上影当演员的！不知为什么，舒适居然听清了他的话，不由也感慨起来："快是快，一眨眼睛我一百岁了哦！"

4月19日，舒适真正生日的那天到了，他穿着女儿买的新衣服，显得喜气洋洋。凤凰做好迎客的准备。女儿也一早赶到，来协助接待祝寿的亲友。不一会儿，沈寂和马林发叩门而至。沈寂送了一只精心挑选的铜质小礼品"龟鹤"，意为祝舒适如仙鹤和神龟一样健康长寿。

凤凰告诉舒适，老朋友来看你啦！右一马林发，右二沈寂

沈寂赠送舒适的白寿贺礼——龟鹤

接着，舒适的两位上影忘年交工友徐秀山、卢学瀚来了，他们选择合适的位置，架好摄像机，一个负责摄像，一个负责拍照。他们要摄下每一个精彩动人的祝

寿镜头，为舒适做一个庆贺百岁生日的专题片。

沈寂坐在舒适旁边，非常感慨，一再重复："没有舒适，我当年就进不了香港电影界，也就没有我的今天！"又竖起大拇指，说，当年舒适和孙景路（乔奇之妻）在话剧《原野》中分别扮演仇虎和金子，那真是呱呱叫，很难有人能超过他们！女儿在舒适耳边当传声筒，把众人的话传给他听。

正在谈论舒适三四十年代的演艺成就，上影集团党委副书记程坚军、工会主席李雷、退管会的老徐等人提着一只静安面包房的大型鲜奶蛋糕和红掌等鲜花前来祝寿了。

舒适说："伊拉哪能会晓得我生日？"女儿解释说："你过去只知道拍戏，现在年纪大了，厂里就想着来给你祝寿了。他们有你的生日记录的，况且这次是你百岁生日，他们怎么可能不来啊！"

上影集团党委副书记程坚军（前排左一）率工会、退管会登门贺寿，前排右起为马林发、沈寂，后排右起为徐秀山、卢学翰、陈雷、徐庆华

蛋糕上插好了100岁字样的蜡烛，点燃，凤凰扶着舒适一起用力将蜡烛吹灭，众人兴高采烈，欢声雷动。

程书记坐在舒适对面，对着他大声说："舒老，您几十年来以自己出色的演技，为上影厂赢得了荣誉，您是上影厂的宝贵财富，也是中国电影界的宝贵财富！"舒适听不清，女儿便对着舒适的耳朵继续当传声筒。听了程书记的话，舒适大吃一惊，觉得受宠若惊，不由大叫一声："哦哟！"

程书记又说:"我代表上影集团领导班子,祝您健康长寿,生活幸福!"

这时,史蜀君和丈夫来了。她对着舒适耳朵说:"舒老,小史来看侬了!"

舒适:"啥人?"

"史蜀君,小史!"

舒适:"哦!请坐!"

史蜀君:"舒老是我们国家的宝贝,30年代就演戏现在还健在的没几个人了啊!"

凤凰用大碗给舒适盛了一大块蛋糕。舒适津津有味地吃起来,不一会儿把蛋糕彻底消灭了,吃得非常优雅。众人皆夸舒适胃口好。女儿说,"老头"有时候会突然蹦一两个英语单词出来,譬如吃完了就说"finish"。众人爆笑。

台湾的妹妹飞抵上海,给舒适祝寿

阴历三月十七,舒适长居台湾的96岁小妹妹舒筱英和妹夫袁树声乘了约两小时的飞机抵达,还带来三妹舒子宽(已去世)女儿的贺信。济南的大侄女舒隆琨也携子闻讯而来。舒适在上海的姐妹、弟弟昌慧、昌静、昌言及其家属都来了。舒适的女儿、儿子一边帮着接待来客,一边协助阿姨张罗饭菜。舒适最喜欢的外孙高鑫本来晚上要乘八点的航班去海南拍戏,最终决定延迟两小时再飞,带了水果赶来庆贺外公百岁生日……舒家的亲人们吃饭不是目的,聚在一起和和美美才是最大的幸福。

正在北京参加国际电影节的中国广播艺术团党委书记兼常务副团长、中国电视剧导演工作委员会副会长江平与舒家三代艺术家关系密切,表示要抽空来上海祝寿。王晓棠、田华、杨在葆等11位影坛宿将知情后便纷纷托他带口信祝贺。王晓棠是中国影视界第一位女将军，四五十年代曾在上海居住，与舒适做过邻居，这次专门写了张条子"送给舒适好友"，一干人便争着在上面签名。

江平飞抵上海，来到舒适面前，大声祝贺老爷子百岁生日，却把那张重要的纸条忘了。王晓棠得知后剋了他一顿，又叫快递送来舒适喜欢的咖啡和富有特色的"吉语饼"，饼面上铺满了白芝麻，唯独"寿比南山"四字是用黑芝麻拼出来的，显得格外醒目。

上海京剧国际票房票友、一起唱戏的堂弟舒昌玉、"古花"篮球队队友、舒适幼年家庭教师之子夏世铎、舒适的老影迷顾强弟……都来了。舒适拍《林冲》的搭档冯奇要在19日那天电话拜寿，不料竟去世了，舒适和凤凰唏嘘不已……

王晓棠送的"寿比南山"吉语饼

舒适与林彬合作过两三部电影，几乎都是演夫妇，巧的是两人的生日虽然不同年同月，却是同一天"19日"。所以每当舒适生日，林彬都会吩咐子女准备好鲜花、蛋糕上门庆贺，至少打个电话。2014年林彬过世之前还特地关照子女："勿忘老友舒适"，一定不要忘记给舒适庆生！这次恰逢舒适百岁生日，林彬的儿子和太太当然又带着鲜花、蛋糕上门了。

舒适穿着女儿送的新衣服，迎接一个又一个亲朋好友，握手握到发僵，一次次努力睁大毫无视力的双眼拍合影照，眼睛也酸了，但心里是难以形容的高兴。

以为祝寿终于结束的时候，又来了一位重要人物——原上海市文联党组副书记、副主席，现任上海演艺工作者联合会会长的何麟赶在去江西休养之前，从松江驱车三四十公里，来给舒老拜寿。之前每每逢年过节他总要来探望舒老，这次百岁祝寿是难遇的好事，怎么可能不来？但他知道，这段时日舒老家的门槛都要被磨平了，便在祝寿的高峰期打来电话："这几天我就不来轧闹猛了，问舒老好！"高峰一过，他从著名的"洪长兴"买来烤鸭、熏鱼、油爆虾、牛肉丸子和一盒清蛋糕，孝敬恩师舒老。这家上海的百年老店乃著名京剧表演艺术家马连良的二伯父马春桥所创，后又被洪姓老板改成"清真店"。舒老喜欢京剧，何麟是回族——京剧和清真，把他和舒老紧密联系到了一起，富有特殊意义，可见其用心良苦。何麟已到可以参加"古花"篮球队的年龄，并已发福，但40年前舒老把他从上海海运局挖去当演员的往事犹如发生在昨日，那时的何麟可是个精瘦精瘦的年轻海员啊！

祝寿的客人还在接二连三地来，舒适和凤凰有点累了，但很兴奋。圈内人都敬佩舒老的品格和为人，如此贺岁队伍才会络绎不绝。送走客人的间隙，舒适不由又在心里哼唱起他喜爱的《沙桥饯别》：

> 孤王在长亭把旨传，尊一声御弟三藏听根源。天朝无有真经卷，怎令人悟道与参惮。你今替孤行方便，披星戴月去往西天。孤念你万里征途路遥远，孤念你千山万水跋涉艰难，孤念你黑夜里投宿在庵观寺院，孤念你夏日受暑冬日受寒。但愿得此去能如愿，请到了真经即回还。那时节孤领众僧人齐把真经念，才知晓那西方的佛祖法力无边。御弟你才算是功成圆满，王封你一代国师万古流传。
> ……

祝寿行动前后持续了一个月左右！

舒适的小妹夫黄世维归后意犹未尽，顿起诗兴，作七绝一首：

> 鹤发红颜人瑞翁，
> 米寿陪伴乃真福。
> 耳背目瞭不足惧，
> 自有佛祖留心中。

"人瑞"乃百岁之尊，而"米寿"则为八十八岁的雅称。舒适已达百岁，凤凰差他一轮，八十八也！凤凰想想，1975年她和舒适结婚至今正好40年，那不正是

"红宝石婚"嘛，真是双喜临门！便有感而发写了幅字：为人正，对人真，待人诚。
祝贺百岁老伴舒适生日快乐！

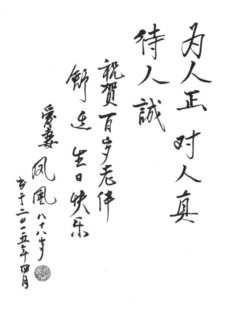

凤凰写下对舒适百岁生日的祝词

　　舒适问凤凰："我真的已经 100 岁了啊？不会吧！"似乎对自己的年龄产生了一
丝怀疑，当年跟着父亲从北京"追梅"来到上海的景象记忆犹新，跟着刘琼、金焰
踏进演艺圈的往事历历在目，这么些年的荣辱哀乐像一阵风刮过，一阵风刮过就一
百岁了……

　　凤凰笑着塞了一颗椒盐橄榄到舒适嘴里。他咀嚼着、享受着，细细地品味
着……

附　录

　　我喜欢唱戏演戏，到头来干了一辈子电影，这是与父亲的支持分不开的。父亲若不是与梅兰芳先生交厚，带着我从小到东到西欣赏梅先生的戏，受他的影响，也可能不会那样支持我，我也不会对演戏陷得那么深。那么，我也许就成了一个制皮革的工业家，电影界就不会有"舒适"这个名字了；当然，这个名字本来也是父亲的。所以，我非常感激父亲。

——舒适

从艺大事记

1916 年

4 月 19 日，舒适出生于老北京东城一个典型的四合院，原名舒昌格，小名"京生"。被父母视为"最有出息的孩子"。从小跟着发起组织"捧梅团"的父亲，到东到西看梅兰芳表演。曾去北京的梅家大院，养成一生对京剧的爱好，并与哥哥一起开始自发学唱京戏。

1923 年

梅兰芳从北京转来上海发展，舒父也举家跟着来到上海，舒昌格只有 7 岁，与他祖父当年来上海的年龄一样。继续跟着父亲看梅兰芳演出，并经常去上海的梅府。

1926 年

10 岁的舒昌格已把梅派及其他京剧名家的唱段学得像模像样，开始粉墨登场，为亲戚朋友们表演。

1929 年

13 岁时，舒昌格小学毕业。父亲见他天赋甚高，且确实喜爱京剧，有意送他去拜梅兰芳为师。因母亲竭力反对，此事作罢。但舒昌格对京戏的迷恋依旧，继续和哥哥、姐姐、妹妹一起自娱自乐。

1933 年

17 岁的舒昌格进上海光华大学附中学习，后又进复旦附中，毕业后考进复旦大学，因篮球打得好，又因复旦闹风潮，被重视体育的持志大学（上海外语学院前身）挖去，转到持志大学法律系就读。其间参与彩排《连环套》，饰演黄天霸，还演过《四郎探母》中的公主。

1935 年

参加"大学剧人协会"，跟随左翼戏剧家石凌鹤去杭州演出《黑地狱》，揭露日本帝国主义在天津勾结汉奸秘密屠杀中国工人的罪行。因两个配角未找到合适的扮演者，舒昌格同时扮演白面吸食者和警察，受到好评。从此经常流连于"话剧大本营"卡尔登大戏院（即黄河路上的长江剧场，现已拆除）。

1937 年

"八一三"淞沪抗战爆发，持志大学沦为战区，舒家逃难到法租界，舒昌格独自在辣斐德路（今复兴中路）颖村借到一间小房子。由于校舍大部被毁，只能在何世桢校长暂租的教室里继续学习。与住在楼上的两家邻居——谢添、陶金两对影剧明星夫妇成为好友。谢添、陶金两对夫妇随演剧队去内地巡回演出宣传抗日后，求两位铁哥们——"电影皇帝"金焰和刘琼推荐加入演艺圈。

12 月，又经好友王竹友牵线，经考试，加入青鸟剧社。母亲知道后，依然反对，把他"大逆不道"之举写信告诉远在福建厦门当银行经理的父亲。父亲明确表示："他爱干什么就干什么吧！"舒昌格开始了真正的演艺生涯，经父亲同意，把他的雅号"舒适"用作自己的艺名。

1938 年

元旦起，同时在许幸之和欧阳予倩导演的《雷雨》和《日出》这两台曹禺四幕名剧中亮相。《雷雨》中扮演大少爷周萍；《日出》中演过黑三，也演过银行家潘月亭。又演《不夜城》中的交际博士袁通，获得圈内外的肯定。之后又演了曹禺的作品《原野》和《武则天》《阿Q正传》《岳飞》等 40 多台话剧，上海滩从此记住了一位叫"舒适"的演员，圈内人喜欢叫他"阿舒"，而"舒昌格"这个大名渐渐被遗忘。

同年，于伶携李健吾、顾仲彝、朱端钧、吴仞之等青鸟剧社大部分演职员着手组建上海艺术剧院，其间为救济上海难民进行义演，舒适扮演顾仲彝改编于外国戏剧的《梅萝香》中的巨商白森卿。

7 月，有着中共背景的上海剧艺社诞生。秋天，舒适反角正演《花溅泪》中的洋场阔少"小陈"。上海剧艺社第一轮公演连续进行了 11 天、22 场，所得款项除收回演出开支，全部捐献给了新四军。

与此同时，在许幸之导演引荐下，舒适开始了电影生涯，在明星公司的黑白片《桃色新闻》中扮演一个教师的角色。尚未杀青，又主演了张石川自编自导的《歌儿救母记》。之后再接再厉，小试牛刀自编自导了《卖花的女儿》。

上海滩《艺海周刊》刊文盛赞舒适是活跃在演艺界的"幸运儿"。

1939 年

明星公司毁于战火，舒适跟着张石川先后加入柳中亮、柳中浩、张世铨等人创办的国华公司以及周剑云和南洋影院商人合资开设的金星公司，并很快成为"国华"的台柱。一年里参演《歌声泪痕》《夜明珠》《红花瓶》《李三娘》《新地狱》《董小宛》六部电影。《李三娘》是舒适的成名作、凤凰的处女作。《董小宛》里舒适第一次演皇帝。媒体夸他"话剧界的健将，银幕上的红人，艺术是他的生命，演戏是他的食粮"。

1940 年

参演《孟丽君》《苏三艳史》《乱世英雄》《秦淮人家》《红粉金戈》等片。其中《秦淮世家》是舒适和慕容婉儿第一次在同一部电影里担任角色，互生好感。

1941 年

参演《无花果》《孤岛春秋》《花溅泪》《桃花湖》《红泪影》等片，自编自导自演《地老天荒》。和慕容婉儿共演了《孤岛春秋》《花溅泪》《地老天荒》三部电影和一台话剧《清宫怨》。

姚克编剧、费穆导演的清廷宫闱戏《清宫怨》于上海璇宫剧场连演 71 天，97 场连连爆满，观众报以热烈掌声，剧坛引起轰动。舒适、慕容婉儿二人在联袂主演过程中感情骤然升温，成为恋人。

《大众影讯》记者书面采访舒适，于第三十七期发文称舒适"昔时活跃剧坛上，今日红遍银国中"，可与张翼、梅熹并称为"小生三鼎甲"。

1942 年

春季，与慕容婉儿共演姚克自编自导的话剧《楚霸王》，分别担任 A 角楚霸王和虞姬。之后见过双方父母，正式结为夫妇，住在霞飞坊（解放后改为淮海坊，淮海中路 927 弄）。凤凰常去串门。

参演《白衣天使》《风流世家》《博爱》等片。其中《风流世家》又是和慕容婉儿一起出镜。

慕容婉儿生下女儿。

1943 年

参演《夫妇之道》《芳草碧血》《逃婚》《生死劫》等片，导演《母亲》《秋之歌》两部电影。

1944 年

参演影片《乐府烟云》《霍元甲》《英雄美人》，自编自导《苦儿天堂》。

拒演"伪华影"的媚日电影《春江遗恨》。

10 月，中国旅行剧团（简称"中旅"）著名话剧演员仇铨因无钱医治心脏病而不幸去世，震惊影剧界，"中旅"演员石挥、冷山振臂一呼，同仁们四方响应，积极参加话剧《日出》义演，为仇铨筹集丧葬费用，舒适扮演潘月亭。之后聚拢 11 位兄弟义结金兰，与"伪华影"抗衡。以年龄为序：徐莘园、高占非、姜明、戴衍万、许良、舒适、顾也鲁、徐立、严化、黄河、吕玉堃。外交事宜由吕玉堃出面，舒适负责其他具体事宜。

12 月 21 日晚上，"大中剧艺公司"在新光大戏院演出张爱玲根据自己的畅销小说《倾城之恋》改编的同名话剧，舒适扮演男主角范柳原。主持周剑云压下慕容婉儿早产生下儿子后大出血的告急电话，差点酿成大祸，舒适一气之下离开"大中剧艺公司"。

1945 年

参演电影《回头是岸》《恋之火》。因上海电影界被日本人控制，遂与慕容婉儿一起游走于内地，在舞台上主演反封建、反恶势力的戏剧。

1946 年

抗战胜利后返沪，国民政府把加入国民党作为演戏的先决条件。舒适一怒之下去了台湾，在一家通运公司里当了六个月的科长。经朋友相劝，和慕容婉儿一起带着两个孩子同赴香港，拍摄大中华公司的影片《长相思》。

1947 年

住在香港茱梨雅道（Julia Avenue）的一套公寓里。在大中华、永华、长城等影片公司任演员、导演，还担任香港电影工作者协会福利部部长、长城影业公司艺委会委员，主演《春之梦》《浮生六记》等片。

1948 年

参演《弱者，你的名字是女人》（又名《姊妹劫》）。之后和周璇在此联袂主演姚克根据自己的话剧《清宫怨》改编、朱石麟导演、永华公司出品的古装大片《清宫秘史》，再次扮演皇帝，演技又上台阶，被导演朱石麟赞扬把帝王气概演出来了。

11 月，《清宫秘史》在香港皇后大道上只放映西片的娱乐戏院公映，之后输入大陆，在上海连映三个月，盛况空前。

这一年还参演了《怨偶情深》，与黄汉联合导演《蝴蝶梦》。

1949 年

2月，父亲退休，要来香港和舒适一家同住。舒适安排好一切，不料，父亲突发心肌梗塞，在福州故世。舒适万分悲痛，赶赴福州奔丧。

参演《春风秋雨》。自导自演根据沈寂赖以成名的中篇小说《盐场》改编的电影《怒潮》，后因该片"太革命"未获审片通过。

年末，参与组建五十年代影业公司。并和刘琼等人一起，建立了一个共产党的外围组织——"影人读书会"。又在读书会的基础上成立了"中华全国文艺协会香港分会"，并派生出"香港电影工作者学会"（简称"影学"），其意义等同于香港电影工会。

1950 年

1月，和刘琼等一起率香港电影工作者学会参加司马文森、洪道、齐闻韶等带领的"回穗劳军团"，赶排了七台短剧：《红军回来了》《起义前后》《胜利公债》《精神不死》《垃圾的闹剧》《香港屋檐下》和《旗》。

为了排演《旗》，舒适和慕容婉儿找到九龙的扯旗山山顶。经齐闻韶提议，众人平躺在山坡上，用身体拼合出"五星红旗"的图案和"人民"二字，以此表达对新生的中华人民共和国的无比向往和崇敬。同时哼唱《义勇军进行曲》。

之后他们带着这七台戏，来到刚刚解放的广州慰问解放军，受到叶剑英将军的接见。

舒适和刘琼、李丽华联袂主演该公司出品的第一部电影《火凤凰》。

《清宫秘史》再次传入大陆，在北京、上海等地公映，大获肯定。毛泽东看后认为这是一部宣传卖国主义，用地主资产阶级唯心主义历史观观察问题的"毒草"电影，但因下面有不同意见，最初的批判声势未能形成。

1951 年

参演《青春之歌》（又名《青春颂》），编写剧本《百宝图》，导演《不知道的父亲》和短片集锦《神·鬼·人》中由慕容婉儿编剧的《人》。

之后慕容婉儿携儿女回大陆。因上影演员剧团"女演员过多"未能进入，在上海剧影协会工作一段时间后带着儿子去了中南军区部队艺术剧院当演员。把女儿留给家住上海杨树浦的妹妹照料。

1952 年

1 月 10 日晚上，因扯旗山山顶人形拼搭五星红旗一事曝光，舒适、司马文森、刘琼、杨华、马国亮、齐闻韶、沈寂、狄梵八人被列为"不受港督欢迎之人"驱逐出境，两天后白沉和蒋伟也被驱回，10 人聚齐，回到祖国。

舒适在广州逗留期间创作出一个喜剧剧本，并和刘琼一起通过广州电台呼喊："香港，我们还要回来的！"

回到上海，进入金焰任团长的上影演员剧团，慕容婉儿得到消息后带着儿子重返上海。一家团聚后，租住于淮海中路上（今"巴黎春天"之处）的"回力公寓"。后又搬到南昌大楼。

1953 年

慕容婉儿加入上影翻译片组（上海电影译制厂的前身），担任剧本翻译。

1954 年

主动改造思想，为工农兵服务。在《鸡毛信》中扮演民兵队长海娃爹的小角色。还参演《三年》《斩断魔爪》，都是配角。

1955 年

毛泽东在"关于《红楼梦研究》批判"的一封信中再次提到《清宫秘史》实际上是拥护帝国主义的卖国主义的影片……但还是没有掀起大规模的批判高潮。

在《宋景诗》中演太平天国遵王赖文光。

1956 年

在《为了和平》中演外国神甫，被批有美化反面角色之嫌。《李时珍》中演男二号人物：李时珍的父亲李月池。

1957 年

与项堃联袂，在徐昌霖编导的电影《情长谊深》中扮演两位科学家。属于本色表演和体验派的一次较量。结果该片被沦为"毒草"，项堃成了右派分子，舒适被安上"故意美化资产阶级知识分子、为右派翻案"的罪名。

1958 年

因吴永刚被打成右派，舒适临危受命执导并主演《林冲》，由冯奇和扮演林娘子的林彬、摄影姚士泉、制片主任吴承铺一起辅佐。周恩来带外宾来摄影棚视察。影片完成后，舒适把该片列为与吴永刚联合导演。

导演《战斗的山村》。

7月22日，浙江电影制片厂宣告成立，舒适、慕容婉儿和李纬、张莺两对夫妇以及编剧、摄影、美工、录音人员约28人响应国家号召，赴杭州支援浙江电影制片厂。

1959 年

结识浙江省文联的"小老沈"沈祖安，帮他修改电影剧本《蚕花娘子》，舒适本打算导演该片，后因中央认为浙影厂不具备办厂条件和拍摄故事片的资质，该片胎死腹中。

去北影拍摄谢添导演的第一部电影《水上春秋》，主演游泳好手华镇龙。

不久与慕容婉儿、李纬、张莺一起调回上影。天马厂要拍一个与《蚕花娘子》同题材的《蚕花姑娘》，由沈祖安的朋友顾锡东所写。沈祖安提供自己的剧本给予参考，事后顾锡东欲分摊稿费，舒适、慕容婉儿、沈祖安皆不收。顾锡东便做东，在上海红房子西餐馆请客。

1963 年

在汤晓丹导演、改编自吴强军事巨著《红日》的同名电影中继续反角正演，成功塑造国民党七十四师师长张灵甫。

编导锡剧戏曲片《双珠凤》。

1964 年

10月，《红日》与《聂耳》《阿诗玛》一起受到批判。

1966 年

"文革"开始，慕容婉儿被隔离审查。舒适每天去上影厂学文件、读报纸。女儿去了北京海军政治部文工团，不在身边。儿子在音乐学院就读，因个性耿直而遭不公平对待，并强行要他和父母划清界线。

慕容婉儿病重，允许回家治疗。舒适被隔离审查。

1967 年

《红旗》杂志第五期发表署名"戚本禹"的文章《爱国主义还是卖国主义？——评反动影片〈清宫秘史〉》。几天后《人民日报》又刊发署名"史红兵"的文章：《彻底批判卖国主义影片〈清宫秘史〉，打倒党内头号走资本主义道路当权派》。舒适因《清宫秘史》和《红日》两部电影被批，"反动"加"美化国民党"，很大的"罪名"，但因人缘好而受到保护，未遭体罚。在被隔离的小屋里继续因地制宜锻炼身体。

1969 年

慕容婉儿病情非常严重，舒适的弟妹们连续发电催促舒适远在北京的女儿赶快回沪。女儿被准了七天假，回来即带母亲看病。

11 月，舒适将赴奉贤五七干校劳动，慕容婉儿撑着病体去上影厂，与舒适见了一面。舒适到五七干校后干的是重体力活。有时会收到妹妹托工友悄悄带去的棉鞋、慕容婉儿为他做的棉袜子，还有香喷喷的炒麦粉。

慕容婉儿已到肿瘤晚期。

1970 年

1 月 25 日，舒适的小妹赶到干校，告知嫂子不行了，叫舒适赶紧回家见一面。经同意，舒适回家送了慕容婉儿最后一程。30 年的恩爱夫妻就此阴阳两隔。

1972 年

舒适的看管松动了些，允许他每个月可以回上海一次，成了"走读生"。

不久工宣队撤走，干校被 8341 部队的军宣队接管，舒适来去更自由。他又想打球了。

1973 年

回到上海，在大木桥路 41 号——上影技工学校厨房间劳动。这是解放前"国泰""大同"公司所在地，解放后成为国营联合电影制片厂的第三摄影场。

1974 年

与孙景路、张庆芬、王丹凤、武文璞、朱曼芳、吴鲁生、王静安等一起到工厂、农村、部队等处物色具有表演潜质、适合扮演工农兵的年轻人。舒适和朱曼芳从上海海运局招来了回族青年何麟。

1975 年

3 月 1 日，59 岁的舒适和 47 岁的凤凰经组织批准走到一起。他们选择去风光秀丽的桂林旅行结婚。

乔迁之喜——从南昌大楼搬到靠近汾阳路的复兴中路上。舒适继续唱戏、打球、养鸟、请客，乐此不疲。

1976 年
迎来艺术上的又一个春天。和赵洪彬联合执导电影《江水滔滔》，把背负"516分子"罪名的杨在葆挖来主演，让刚刚招来的何麟扮演片中的配角。影片完成后，何麟正式成为上影演员剧团一员。

"四人帮"粉碎后，公映不久的《江水滔滔》被认为有"文革遗风"锁进仓库。

1978 年
参演电影《上海》。

1979 年
导演叶楠编剧、以为保护热带雨林默默献身的蔡希陶为原型人物的《绿海天涯》，培养庄红胜和史蜀君两位年轻人。物色了王心刚、王馥荔、吴海燕、李康尔、汤化达、朱曼芳、刘怀正、牛犇、吴钢（现改名吴刚）等知名演员（包括舞蹈家杨丽萍）来参演。是较早出现周恩来形象的一部故事片。外景地在澜沧江下游的橄榄坝。拍摄时不慎受伤，之后辅导庄红胜和史蜀君两位副导演完成。

1982 年
执导舞剧片《剑》和戏曲片《芦花淀》。

《剑》取材于周涛的长诗《剑歌》，由赵丹的女儿赵青主演，绝大部分镜头在上影厂的摄影棚内搭建布景拍摄完成。试用了当时的特技新工艺——"蓝幕"技术。

《芦花淀》外景地在发生地震不久的河南。

1984 年
导演黄梅戏神话艺术片《龙女》，马兰主演。这部电影堪称舒适非故事片导演的顶峰作品。尽情发挥各种特技表现手法，特技镜头约占总镜头数的七分之一。

1986 年
与刘琼、张雁、江俊、林彬、张伐等老伙计共演第五代导演江海洋的处女作《最后的太阳》。

1987 年

参演《古币风波》。

11 月 11 日，"古花"篮球队成立，舒适创作了队歌的歌词，担任"古"（古稀之年）队队长。每周二下午参加球队活动。

1990 年

2 月 10 日元宵节，"上海国际京剧票房"成立，原上海市委书记汪道涵担任理事长，舒适和著名社会活动家李储文、著名书画家程十发、著名演员程之及《新民晚报》资深记者吴承惠（笔名"秦绿枝"）担任副理事长，上海市政协办公厅副巡视员许世德为总干事。舒适每周六下午参加"票房"活动，每逢佳节参加京剧晚会。

1991 年

与奇梦石、向梅、秦怡等一起参演杨延晋导演的电影《千里寻梦》，扮演一位富有正义感的香港富翁。

1992 年

参演电影《卧底》。

参演电影《中国人》。

1993 年

5 月 15 日写信给朱镕基，汇报上海国际京剧票房的工作，并请求支持开办第三产业，以副养文，把上海国际京剧票房办得更出色、规模更大。

5 月 26 日起，上海国际京剧票房与黄浦区京昆之友社合作，舒适积极参加每星期三晚上在"皇冠娱乐城"（即黄浦区文化馆）举办的京剧清唱茶座——"国剧艺苑"，并和老中青专业演员及海上名票一起轮流演唱。

6 月 4 日，收到朱镕基回信："……对你们振兴京剧和积极开展国际京剧票房工作的努力表示敬意。如果我有机会去上海，仍愿去票房捧场。补交票房会费 200元，以示支持……"

12 月 29 日，"古花"篮球队作为第一支受邀访台的大陆业余球队抵达桃园机场，舒适等一行 17 人受到隆重接待。

1994 年

元旦之夜，"古花"篮球队与台湾"老国手联队"在台北体专的体育馆进行了一场友谊赛。在台湾逗留的一周内，多次受台湾导演公会主席李行先生热情款待，与影坛老友卢碧云、周曼华、葛香亭、吴文超、江泓等相会。与一个姐姐、两个妹妹以及其他亲戚朋友相聚。举行京剧演唱比赛。

在女导演鲍芝芳的电影《奥菲斯小姐》中演一配角。

在于杰导演的喜剧《红帽子浪漫曲》中演一配角。

参演 20 集电视连续剧《刺杀袁世凯》。

凭电影《中国人》荣获第二届中国长春电影节最佳男配角奖。

1995 年

元宵节，上海国际京剧票房的票友们欢唱了整整一个下午，晚上聚餐时余兴未尽，一边饮酒一边一个个轮着唱戏。

"古花"篮球队三次受邀参加在美国举行的全球华人体育盛会。中央电视台专门拍摄专题片《篮球情缘》，讲述这帮老朋友因球结缘、以球会友的故事。

参演朱枫导演的电影《乐魂》。

1999 年

上海国际京剧票房与评弹票友在杨浦区的一个会所共同举行京剧演唱会，纪念杨宝森 90 华诞，韩国、英国的票友也专程前来参加。舒适演唱《四郎探母》中杨六郎的唱段《会弟》。

在周康渝导演的 31 集电视连续剧《雍正皇帝》中扮演老康熙皇帝。这是他在影视中第三次扮演皇帝。

2005 年

冬季，舒适荣获国家颁发的"优秀电影艺术家"称号。

2010 年

舒适 94 岁生日那一天，堂弟舒昌玉和几位票友前去庆贺。舒昌玉操琴，舒适连续唱了六段京戏。然后他拉，舒昌玉唱。

2013 年

5 月 10 日，舒适因 1959 年主演北影出品的体育片《水上春秋》而荣获美国首届伊丝特电影奖最佳男演员奖，由参演《水上春秋》的女演员舒迈代为领取。获奖理由为该片"抒发了中国水上运动员胸怀祖国、放眼世界的情怀，公映后曾激发无数中国青少年为致力于国际奥林匹克运动而发奋图强"。

2015 年

4 月 19 日，舒适迎来他的 99 周岁生日。按照中国人做九不做十的传统习惯，在家里设中、晚两场家宴，庆贺百岁大寿。除了在上海的亲属，台湾的妹妹、妹夫带来已故三妹之女的贺信，济南的大侄女携子闻讯赶到，上影演员剧团，上海电影家协会，上影集团党委率退管会和工会，上海国际京剧票房，上海古花篮球队，以及同仁好友马林发、沈寂、史蜀君、徐秀山、卢学瀚，林彬之子和媳妇，家庭教师之子，忘年交江平代表王晓棠、田华、杨在葆等 11 位同仁，舒昌玉、何麟……先后带着礼物登门祝寿。

贺寿约持续一个月。舒适的小妹夫黄世维祝寿而归后意犹未尽，有感而发作七绝诗一首：鹤发红颜人瑞翁，米寿陪伴乃真福。耳背目矇不足惧，自有佛祖留心中。

后　记

　　三年前我曾写过著名电影艺术家舒适的传记——《非常舒适》，由上海文化发展基金会资助，上海文艺出版社出版。当时舒老已达 96 岁高龄，深感为他写传之难。舒老虽然身体依然结实，思维也无大的退化，但是耳聋眼盲，交流十分不便。而且，他原本不属于善谈之人，提起拍电影《红日》扮演张灵甫的往事，立刻显出不屑之色，"哪能又是张灵甫啦……"言下之意，这件事情老生常谈，早已没了再说的兴趣。只好从"外围"着手，采访舒老的亲友、同仁。好在舒老出一个大家庭，兄弟姐妹甚多，在上海的就有妹妹舒昌慧、舒昌静，弟弟舒昌言，堂弟舒昌玉，还有子女和现任妻子凤凰，加上前妻慕容婉儿的妹妹钱美丽，纷纷提供素材和点滴细节；舒适的业界同仁狄梵（刘琼太太）、蓝为洁（汤晓丹太太）、冯奇、杨在葆、史蜀君、鲍芝芳、朱曼芳、顾虹（顾也鲁女儿）以及徐秀山、林楚雄，慕容婉儿的同事肖章、潘我源（演员夏天太太）、赵慎之，包括舒适的杭州"小老弟"沈祖安（为《非常舒适》作序者），一次次带我回到与舒适、慕容婉儿相关的过去时光；许世德、杨柏年、刘文强、吴承惠（秦绿枝）、鞠仁杰等上海京剧国际票房的票友热心述说他们心目中的舒适；古花篮球队的吴成章、陈渭源等队将他们所了解的舒适娓娓道来——这些热心人提供的一砖一瓦，砌起了一座大厦，舒适的形象终于得以渐渐清晰完整，也使我越来越对这样一位有口皆碑的德艺双馨艺术家心生敬意。不过，这样一来，一本传记从搜集素材到完稿竟用了两三年时间！

　　这次承上海文联抬爱，要我和沈一珠再写一本舒老的传记，在之前的基础上增加并突出他的艺术创作内容，彰显他的艺术成就。

　　《非常舒适》出版至今的这三年中，曾采访过的狄梵、蓝为洁、赵慎之、冯奇、陈渭源诸老先后离世，只好搜肠刮肚寻找新的采访对象，以增加、丰富关于舒老的素材。那么，按照上海文联这套丛书的体例，须有一块"艺术访谈"的内容，而舒老的身体状况已不能与三年前相比，无法接受采访，如何解决？

　　这似乎是不可能完成的任务。好在，写《非常舒适》的时候见过一个多年前舒老接受采访的视频光盘，找出来重温一遍，滤出舒老的言谈。还有，依稀记得舒老曾在《上影画报》上写过有关创作的文章，便一本本查阅，果然翻到拍摄《龙女》后他写下的一篇《闲谈"以假乱真"》，解答影迷观众提出的一系列疑问，其中还谈及在香港拍摄《清宫秘史》的一些电影手法。顿感喜从天降，如获至宝，加上 2010年以来断断续续的采访随录，整理后，"艺术访谈"成矣！

艺高德劭百岁公　附　录

接着，又登门拜访了和舒适一起从香港被赶回来的沈寂老先生，拍第一部电影《红日》就与舒适一起的张云立，住在敬老院、当年与舒适和慕容婉儿一起支援浙江电影制片厂的李纬太太张莺，舒适"文革"后导演的第一部电影《江水滔滔》的参演者袁岳和王定华、张雪村夫妇以及正住院的高正导演，包括舒老的拍档好友林彬的子女。这些先生、女士，有的自己也已年高忘事，有的往事已久很难记起，但片言只语之中也有点滴可贵信息，偶尔可获一二生动细节，正好用来聚沙成塔。

更令人欣喜的是，在此过程中迎来舒老 99 岁生日，舒家为他庆贺百岁之寿，上影集团、上海电影家协会、上影演员剧团、上海京剧国际票房、古花篮球队，以及舒老的亲朋好友，纷纷前往祝寿。舒老的两位上影工友徐秀山和卢学瀚甚至自发为之摄像和拍照，要为舒老制作一个祝寿短片。他们拍摄的素材使我们得以目睹一场场众人为舒老拜寿的过程，了解其中的每一个细节，加上凤凰老师的述说，这本计划于 2016 年舒老实足百岁大寿之前出版的传记便有了一个意义特殊、不可取代的结尾。

在此，衷心感谢伸出援助之手的各位长辈、友人，深深鞠躬！

夏 瑜 沈一珠
2015 年 6 月

补记：

本书刚进入编辑出版程序之中，舒老竟于 6 月 26 日晚上 9 时在华东医院仙逝，我们心目中那个活生生的老艺术家，转眼凝固成一种印象，只能在回忆中塑造他的样子，顿觉五味杂陈，感慨万千，唯有在心中默默祈祷：舒老，一路走好……

夏 瑜 沈一珠
2015 年 11 月